DIANZI SHANGWU
YU NONGCUN JINGJI FAZHAN YANJIU

# 电子商务
## ——与农村经济发展研究

刘丽丽／著

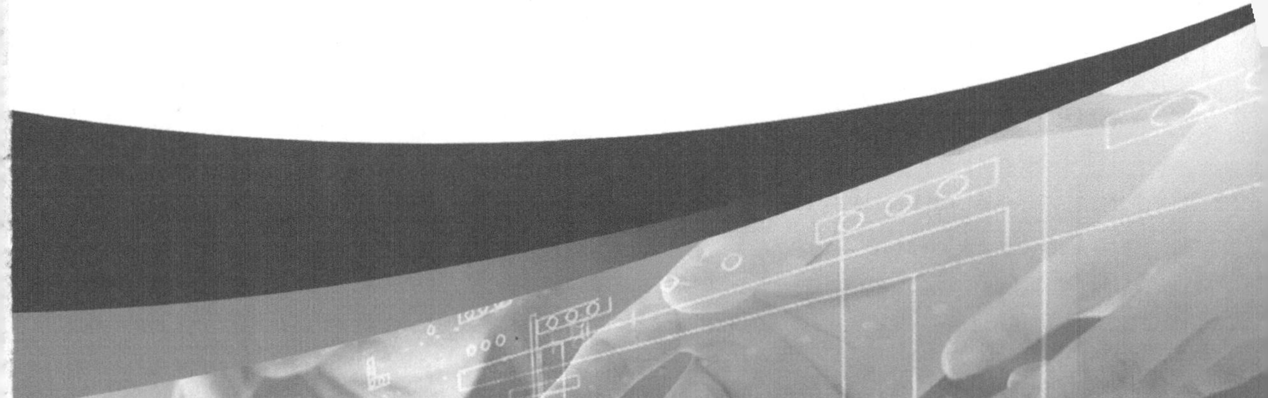

河北大学出版社
·保定·

出 版 人：刘相美
责任编辑：张靖瑄
助理编辑：刘　帅
装帧设计：李　冉
责任校对：陈浩苏
责任印制：常　凯

**图书在版编目（CIP）数据**

电子商务与农村经济发展研究 / 刘丽丽著 . -- 保定 : 河北大学出版社 , 2024. 12. -- ISBN 978-7-5666-2600-4

Ⅰ . F323

中国国家版本馆 CIP 数据核字第 20257K3N03 号

# 电子商务与农村经济发展研究

DIANZI SHANGWU YU NONGCUN JINGJI FAZHAN YANJIU

出版发行：河北大学出版社
地址：河北省保定市七一东路2666号　邮编：071000
电话：0312-5073003　0312-5073029
网址：www.hbdxcbs.com
邮箱：hbdxcbs@163.com
印　　刷：中煤（北京）印务有限公司
幅面尺寸：170 mm × 240 mm
字　　数：170千字
印　　张：8.25
版　　次：2024年12月第1版
印　　次：2024年12月第1次印刷
书　　号：ISBN 978-7-5666-2600-4
定　　价：89.00 元

如发现印装质量问题，影响阅读，请与本社联系。
电话：0312-5073023

# 前　言

随着互联网技术的发展与应用，电子商务活动越来越受到人们的重视。电子商务行业发展十分迅速，电子商务模式不断更新和完善，电子商务应用也在不断拓展和延伸。电子商务的发展，改变了人们的生活习惯和消费方式，拓展了各领域的发展空间，从多个方面对社会的经济生活产生了深远的影响。电子商务在城镇市场发展中已日渐成熟，但在农村市场仍有巨大的发展潜力。电子商务作为推动“互联网 +”发展的重要力量，为助力我国农民创业增收、农村地区发展、农业现代化经营等方面提供了有效的解决方案。

本书是主要关于电子商务与农村经济发展研究的著作，共分为 8 章讲述。从电子商务与农村电子商务方面的基础知识、电子商务与农村经济社会转型入手；讲述了农村电子商务营销知识、农村电子商务支付体系与农村电子商务物流知识；阐述了农村电子商务平台系统建设一些内容；着重讲述了农产品电子商务、农产品质量安全管理与农产品电子商务创新发展，加快农村电子商务人才培养的意义，农产品电子商务品牌建设。

本书在写作过程中参考了诸多专家、学者的著作，在此特别感谢这些专家、学者。全书内容丰富，讲述详细、全面，希望能为学习电子商务与农村经济发展提供一定的借鉴和启示。由于本书涉及内容较多，加之时间紧张，出现错误和遗漏在所难免，欢迎各位读者批评、指正。

刘丽丽<br>2024 年 2 月

# 目　录

# 第一章 电子商务与农村电子商务

## 第一节 电子商务概述

### 一、电子商务基础知识

#### （一）电子商务的产生和我国的电子商务

1. 电子商务的产生

电子商务产生于 20 世纪 60 年代，发展于 20 世纪 90 年代，其产生和发展的重要条件主要有以下几个方面：

（1）计算机的广泛使用

近几十年以来，计算机的处理速度越来越快，处理能力越来越强，价格越来越低，应用越来越广泛，为电子商务的应用奠定了基础。

（2）互联网的普及和成熟

互联网逐渐成为全球通信与交易的最主要的媒体，且全球上网用户呈数量级增长趋势，快捷、安全、低成本的特点为电子商务的发展提供了应用条件。

（3）信用卡的普及与应用

信用卡以其方便、快捷、安全等特点成为人们消费支付的重要手段，并由此形成了完善的全球性信用卡 + 计算机网络支付与结算系统，为电子商务中的网上支付提供了重要手段。

2. 我国的电子商务

以大数据、云计算、虚拟现实、人工智能等为代表的新一代信息技术和网络技术快速发展，将持续为数字经济、电子商务的创新发展提供支持，构建新的商业模式，酝酿新的应用突破。电子商务与实体店今后会进一步融合发展，流通方式创新和消费升级将为其融合发展提供新机会。

电子商务已经成为我国国民经济增长的新引擎。目前，我国电子商务发展将呈现“三化四个重点”的新特征。

三化：一是电商与两化融合进一步深化，也就是传统企业利用互联网 + 电子商务助力企业转型升级；二是移动互联网推进网购终端移动化；三是电子商务发展通过大数据进一步实现服务精准化。

四个重点：一是农村电子商务将继续快速发展；二是生活服务业电子商务的加速普及和渗透；三是 B2B 电子商务的运用将进一步推进两化深度融合；四是电子商务的服务支撑体系将进一步走向智能化。

## （二）电子商务的含义及特点

1. 电子商务的含义

电子商务是利用微电脑技术和网络通信技术进行的商务活动。各国政府、学者、企业界人士根据自己所处的地位和对电子商务参与的角度与程度的不同，给出了许多不同的定义。

电子商务即使在各国或不同的领域有不同的定义，但其关键依然是依靠着电子设备和网络技术进行的商业模式。随着电子商务的高速发展，它不仅包括购物，还包括物流配送等附带服务。电子商务包括电子货币交换、供应链管理、电子交易市场、网络营销、在线事务处理、电子数据交换、存货管理和自动数据收集系统。

电子商务分为广义的电子商务和狭义的电子商务。广义的电子商务定义为，使用各种电子工具从事商务活动。狭义电子商务定义为，主要利用互联网从事商务活动。无论是广义的还是狭义的电子商务的概念，电子商务都涵盖两个方面：一是离不开互联网这个平台；二是通过互联网完成的是一种商务活动。

广义上讲，电子商务一词源自Electronic Business，就是通过电子手段进行的商业事务活动。通过使用互联网等电子工具，使公司内部、供应商、客户和合作伙伴之间，利用电子业务共享信息，实现企业间业务流程的电子化，配合企业内部的电子化生产管理系统，提高企业的生产、库存、流通和资金等各个环节的效率。

狭义上讲，电子商务是指通过使用互联网等电子工具（电报、电话、广播、电视、传真、计算机、计算机网络、移动通信等）在全球范围内进行的商务贸易活动，是以计算机网络为基础所进行的各种商务活动，包括商品和服务的提供者、广告商、消费者、中介商等有关各方行为的总和。人们一般理解的电子商务是狭义上的电子商务。

除此之外，还有一些比较有代表性的定义。例如：电子商务是利用电子化手段从事的商业活动，它基于电子数据处理和信息技术，如文本、声音和图像等数据传输。又如，其主要是遵循TCP/IP协议，通信传输标准遵循Web信息交换标准，提供安全保密技术。电子商务是一种多技术的集合体，包括交换数据（电子数据交换、电子邮件等）、获得数据（共享数据库、电子公告牌等）、自动捕获数据（条形码等）等。电子商务涵盖的业务包括信息交换、售前售后服务（提供产品和服务的细节、产品使用技术指南、回答顾客意见等）、广告销售、电子支付（使用电子资金转账、信用卡、电子支票、电子现金等）、组建虚拟企业（组建一个物理上不存在的企业、集中一批独立的中小公司、提供比任何单独公司多得多的产品和服务等）、公司与贸易伙伴可以共同拥有和运营共享的商业模式等。再如，电子商务是通过电信网络进行生产、营销、销售和流通的活动，它不仅指基于互联网上的交易，而且指所有利用电子信息技术来解决问题、降低成本、增加价值和创造商机的商务活动，包括通过网络实现原材料查询、采购、产品展示、订购、出品、储运、电子支付等一系列贸易活动。

2. 电子商务的特点

电子商务不仅实现了商业过程的无纸化，而且打破了交易的时空限制，降低了企业的运营成本，提高了企业的运营效率，增加了企业的经营收入。

（1）全球化

由于电子商务是基于互联网进行的，而互联网跨越国界，穿越时空，无论人们身处何地，无论白天与黑夜，只要利用浏览器轻点鼠标，就可以随心所欲地登录任何国家、地域的网站，与想交流的人面对面地直接沟通。因此，电子商务突破了地理界限，使企业可以将产品、服务通过互联网送到任意一个拥有互联网的地方。在国际互联网络环境下，电子商务的兴起塑造了一个真正意义上的全球市场。

（2）低成本

由于电子商务是通过互联网进行信息交互的，一方面，可以减少各种票据的印刷成本和快递成本，通过无店面经营节约店面租金、水电人工成本，减少多次商业谈判的差旅费用；另一方面，可以减少由于库存积压、商品来回运输所带来的损耗。

（3）高效率

电子商务将传统的商务流程电子化、数字化，一方面，以电子流代替了实物流，可以大量减少人力、物力，降低成本；另一方面，突破了时间和空间的限制，通过互联网，任何人可以在任何时间访问企业门户网站，查询企业信息，并通过电子邮件进行商品询价。这对于跨国界的国际贸易来说，大大降低了其因时差而造成的不便和低效率。

（4）交互性

在电子商务环境下，企业之间可以通过互联网进行交流、谈判、签订合同，消费者也可以通过论坛、邮件、即时聊天工具等方式将自己的意见反馈给企业或商家，这样能够有助于企业或商家根据消费者的意见及时对产品和服务进行调整，从而做到良性互动。

（5）整体性

电子商务能够规范事务处理的工作流程，将人工操作和电子信息处理集成为一个不可分割的整体，这样不仅可以提高人力和物力的利用率，而且可以提高系统运行的严密性。

（6）协调性

商务活动本身是一种协调过程，它需要客户与公司内部、生产商、批发商、零售商间的协调。在电子商务环境中，它更要求银行、配送中心、通信部门、技术服务等多个部门的通力协作。

（7）安全性

在电子商务中，安全性是一个至关重要的核心问题。它要求网络能提供一种端到端的安全解决方案，如加密机制、签名机制、安全管理、存取控制、防火墙、防病毒保护等。

（8）集成性

电子商务以计算机网络为主线，对商务活动的各种功能进行了高度的集成，同时也对参加商务活动的商务主体各方进行了高度的集成。

## （三）电子商务的功能

电子商务可以提供网上交易和管理等全过程的服务，因此，它具有广告宣传、咨询洽谈、网上订购、网上支付、电子账户、服务传递、意见征询、交易管理等各项功能。

### 1. 广告宣传

电子商务可凭借企业的Web服务器和客户的浏览，在互联网上发播各类商业信息。客户可借助网上的检索工具迅速地找到所需商品信息，商家可利用网上主页和电子邮件在全球范围内做广告宣传。广告形式的丰富多彩，已经远远超过传统的广告，并且网络广告作为第四类媒体发布的广告，具有交互性和直接性。

### 2. 咨询洽谈

电子商务可借助非实时的电子邮件、新闻组和实时的讨论组，了解市场和商品信息、洽谈交易事务，如有进一步的需求，可用网上的白板会议交流即时的图形信息。网上的咨询和洽谈能超越人们面对面洽谈的限制，提供多种便捷的异地交谈形式。

### 3. 网上订购

电子商务可借助Web中的邮件交互传送实现网上的订购。网上的订购通常都是在产品介绍的页面上提供十分友好的订购提示信息和订购交互格式框。当客户填完订购单后，通常系统会回复确认信息单来保证订购信息的收悉。订购信息也可采用加密的方式，保障客户和商家的商业信息不会泄漏。

### 4. 网上支付

电子商务要成为一个完整的过程，网上支付是重要的环节。客户和商家之间可采用信用卡账号进行支付。网上支付将需要更为可靠的信息传输安全性控制，以防欺骗、窃听、冒用等非法行为。

5. 电子账户

网上的支付必须要有电子金融来支持，即银行、信用卡公司和保险公司等金融单位提供网上金融服务。电子账户管理是其基本的组成部分，信用卡号和银行账号都是电子账户的一种标志。其可信度需配以必要的技术措施来保证，如数字证书、数字签名、加密等手段的应用提高了电子账户操作的安全性。

6. 服务传递

对于已付款的客户，应将其订购的货物尽快地传递到客户手中。而有些货物在本地，有些货物在异地，电子邮件将在网络中进行物流的调配。最适合在网上直接传递的货物是信息产品，如软件、电子读物、信息服务等，它能直接从电子仓库中将货物发到用户端。

7. 意见征询

电子商务能十分方便地采用网页上的“选择”“填空”等格式文件收集用户对销售服务的反馈意见。这样能使企业的市场运营形成一个封闭的回路。客户的反馈意见不仅能提高售后服务的水平，而且能使企业获得改进产品、发现市场的商业机会。

8. 交易管理

整个交易的管理将涉及人、财、物等多个方面，包括企业和企业、企业和客户，以及企业内部等各方面的协调和管理，因此，交易管理是涉及商务活动全过程的管理。随着电子商务的发展，良好的交易管理网络环境及多种多样的应用服务系统将被建立。

## 二、电子商务的组成框架

### （一）电子商务的概念模型

电子商务的概念模型是对现实世界中电子商务活动的一般抽象描述，它由交易主体（也称“实体”）、电子市场、交易事务和信息流、资金流、物资流等基本要素构成（图 1-1）。

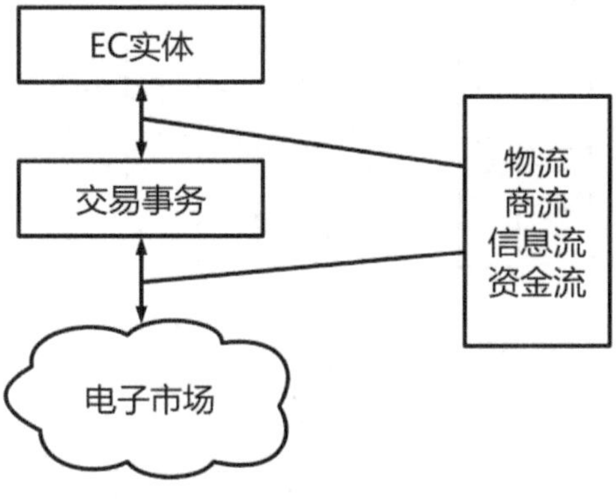


图 1-1　电子商务的概念模型

在上述电子商务概念模型中，交易主体是指能够从事电子商务活动的客观对象，如企业、银行、商店、政府机关等；电子市场是指电子商务交易主体从事商品和服务交换的场所，它由各种各样的商务活动参与者，利用各种通信装置，通过网络连接成一个统一的经济整体；交易事务是指电子商务交易主体之间所从事的具体的商务活动的内容，如询价、报价、转账支付、广告宣传、商品运输等。

电子商务的任何一笔交易，都包含着四种基本的“流”，即物流、商流、资金流、信息流。其中，物流主要是指商品和服务的配送及传输渠道。商流是指物品在流通中发生形态变化的过程，即由货币形态转化为商品形态，以及由商品形态转化为货币形态的过程，随着买卖关系的发生，商品所有权发生转移。资金流主要指资金的转移过程，包括付款、转账、兑换等过程。信息流既包括商品信息的提供、促销营销、技术支持、售后服务等内容，也包括询价单、报价单、付款通知单、转账通知单等商业贸易单证，还包括交易方的支付能力、支付信誉、中介信誉等。

### （二）电子商务的组成要素

电子商务的贸易、事务活动主要涉及三大要素，即以信息网为载体的信息流、以金融网为载体的资金流和以配送网络为载体的物流。

1. 信息流

在企业中，信息流分为两种，一种是纵向信息流，发生在企业内部；另一种是横向信息流，发生在企业与其上下游的相关企业、政府管理机构之间。下面比较一下两种模式下的信息流，如图 1–2 所示。

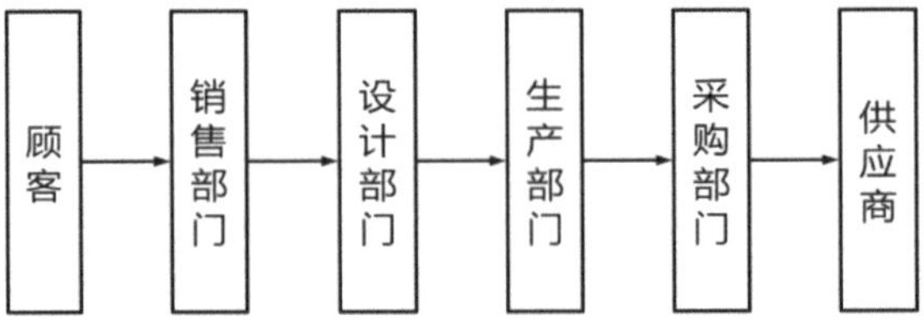


(a)传统管理模式的顾客需求信息流

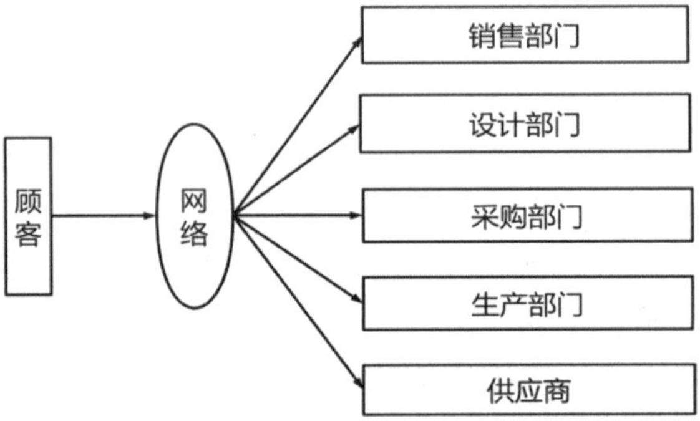


(b)电子商务模式的顾客需求信息流

**图 1-2　两种模式的信息流**

2. 资金流

资金流是指资金的转移过程，包括支付、转账、结算等。它始于消费者，终于商家账户，中间可能经过银行等金融部门。依靠金融网实现电子商务活动中资金流的方式主要有电子现金、电子支票、信用卡等。

3. 物流

物流是因人们的商品交易行为而形成的物质实体的物理性移动过程。它由一系列具有时间和空间效用的经济活动组成，包括包装、装卸、存储、运输、配送等多项活动。

广义的物流既包括流通领域，又包括生产领域，是指物质资料在生产环节之间和产成品从生产场所到消费场所之间的物理移动；狭义的物流只包括流通领域，是指作为商品的物资在生产者与消费者之间发生的空间位移。

4. “三流”的关系

在商品价值形态的转移过程中，物流是基础、信息流是桥梁、资金流是目的。信息流处于中心地位，信息流是其他流运转的介质，直接影响控制着商品流通中各个环节的运作效率。具体“三流”的关系可以表述为：以信息流为依据，通过资金流实现商品的价值，通过物流实现商品的使用价值。物流应是资金流的前提与条件，资金流应是物流依托的价值担保，并为适应物流的变化而不断进行调整，信息流对资金流和物流运动起着指导和控制作用，并为资金流和物流活动提供决策的依据。

## （三）电子商务的基本框架

国外有关学者提出了一个一般的电子商务框架结构，从宏观的角度说明了电子商务的各类应用环境。该系统由五个层次和两个支柱构成，如图 1-3 所示。

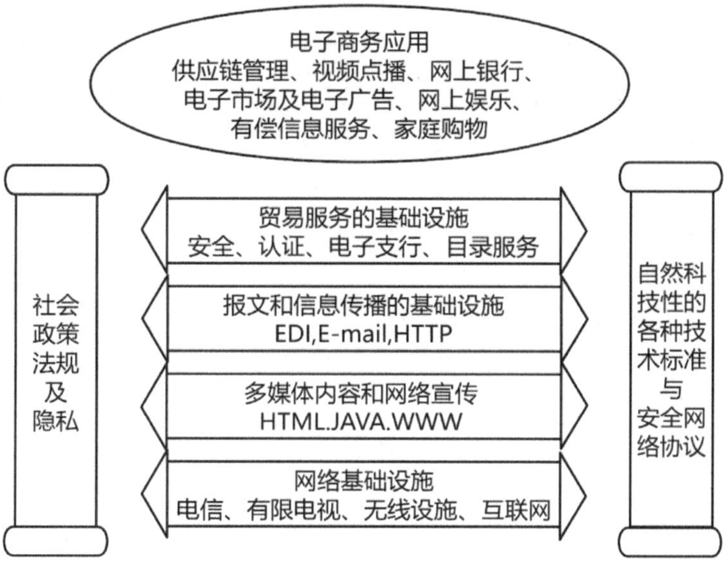


图 1-3　电子商务的一般框架结构

1. 电子商务的框架层次

（1）网络基础设施

信息高速公路实际上是网络基础设施的一个较为形象的说法，它是实现电子商务最底层的基础设施，是信息传输系统。正像公路系统由国道、城市干道、辅道共同组成一样，信息高速公路是由骨干网、城域网、局域网层层搭建，才使得任何一台联网的计算机都能够随时同这个世界连为一体。信息可能是通过电话线传播，也可能是通过光纤、无线电波的方式传递。

（2）多媒体内容和网络宣传

有了信息高速公路，只是使得通过网络传递信息成为可能，至于究竟在信息高速公路上跑怎样的“车”，要看用户的具体做法。目前，网上最流行的发布信息的方式是超文本标记语言的形式，它是将信息发布在万维网上。网络上传播的内容有文本、图像、声音等。超文本标记语言将这些多媒体内容组织得易于检索且富有表现力。但网络本身并不知道传递的是声音还是文字，它把这些信息看作是 0 或 1 的数字串。对于这些数字串的解释、格式编码及还原，是由一些用于消息传播的硬件和软件共同实现的，它们位于网络设施的上一层。

（3）报文和信息传播的基础设施

互联网上的信息传播工具提供两种交流方式：一种是非格式化的数据交流，如用电子邮件传递的消息，它主要是面向人的；另一种是格式化的数据交流，如电子数据交换系统就是典型代表，其传递和处理信息可以是自动化的，无须人为干涉，它主要用于面向机器。商务贸易中的订单、发票、装运单等，也都比较适合格式化的数据交流。超文本传输协议是互联网上通用的消息传播工具，它有统一的显示方式，在多种环境下显示非格式化的多媒体信息。

（4）贸易服务的基础设施

它是开展通用交易业务的基础服务，是所有参加交易的企业、个人都能体验到的服务，通常把这类服务称为基础设施。主要包括安全和认证、电子支付、商品目录和价目表服务等。

消息传播工具要想适合电子商务的业务，需要确保安全和提供认证，确保传递的消息是可靠的、不可篡改的、不可否认的，在有争议时能够提供适当的证据。电子商务服务的关键是安全的电子支付。在进行网上交易时，购买者发出电子付款，可采用电子信用卡、电子钱包、电子支票和电子现金等多种电子支付方式进行网上支付，并随之发出一个付款通知给卖方，卖方通过中介机构对这笔付款进行认证并最终接收。当卖方发出货物后，这笔交易才算完成。为了确保网上支付是安全的，必须保证交易是保密的、真实的、完整的和不可抵赖的。目前确保网上支付安全的做法是用交易各方的数字证书，即电子身份证来提供端到端的安全保障。贸易服务包括三个基本部分，即电子销售支付系统、供货体系服务、客户关系解决方案。目录服务将信息妥善组织，为增、删、改提供便利。目录服务是提供这些贸易服务的基础。目录服务支持市场调研、咨询服务、商品购买指南等，是客户关系解决方案的一部分；目录服务加速收缩供货链，是供货体系服务的目标。

（5）电子商务应用

在上述基础上，可以一步一步地建设实际的电子商务应用，如供应链管理、视频点播、网络银行、电子市场、电子广告、网上娱乐、有偿信息服务、家庭购物等。

2. 电子商务框架支柱

电子商务框架有两个支柱：社会人文性的政策法规和自然科技性的技术标准。

（1）社会人文性的政策法规

电子商务的税收制度、信息的定价、信息访问的收费、信息传输成本、隐私保护问题等，都需要政府制定相应的政策法规。

税收制度的制定也是一个重要的方面。例如，对咨询信息、电子书籍、软件等无形商品是否征税及如何征税；对汽车、服装等有形商品如何通过海关，如何征税；税收制度是否应与国际接轨及如何接轨等。这些问题若处理不好，会严重制约电子商务的发展。

（2）自然科技性的技术标准

技术标准定义了用户接口、传输协议、信息发布标准等技术细节。就整个网络环境来说，标准对于保证兼容性和通用性是十分重要的。正如在道路交通规则中，有的国家是左行制，而有的国家是右行制。

## 三、电子商务的分类

电子商务按电子商务交易涉及的对象、商品内容和进行电子业务交易的企业所使用的网络范围和类型等，对电子商务进行了不同的分类。

### （一）按参与交易涉及的对象分类

1. 企业与消费者之间的电子商务

企业与消费者之间的电子商务就是通过网上商店（电子商店）实现网上在线商品零售和为消费者提供所需服务的商务活动。企业与消费者之间的电子商务引发了商品营销方式的重大变革，无论企业还是消费者，都从中获益匪浅。商业机构对消费者的电子商务基本等同于电子零售商业。目前，网上有各种类型的虚拟商店和虚拟企业，它们提供各种与商品销售有关的服务。通过网上商店买卖的商品可以是实体化的，如书籍、鲜花、服装、食品、汽车、电视等；也可以是数字化的，如新闻、音乐、电影、数据库、软件及各类基于知识的商品。网上商店还能提供各类其他服务，如安排旅游、在线医疗诊断和远程教育等服务。

#### 2. 企业与企业之间的电子商务

企业与企业之间的电子商务是电子商务应用中最重要和最受企业重视的形式。企业可以使用互联网或其他网络针对每笔交易寻找最佳合作伙伴，完成从订购到结算的全部交易行为，包括向供应商订货、签约、接受发票和使用电子资金转移、信用证、银行托收等方式进行付款，以及在商贸过程中发生的其他问题，如索赔、商品发送管理和运输跟踪等。

#### 3. 企业对政府方面的电子商务

企业对政府方面的电子商务覆盖了企业与政府组织间的各项事务。例如，企业与政府之间进行的各种手续的报批、政府通过互联网向企业发布采购清单、企业以电子化方式向政府做出的响应、政府在网上以电子交换方式完成对企业的征税等。

#### 4. 消费者对政府机构的电子商务

消费者对政府机构的电子商务是指政府可以把电子商务扩展到福利费用发放、自我估税、个人税收的征收等方面，通过网络实现个人身份的核实、报税、收税等政府对个人之间的行为。

#### 5. 消费者对消费者的电子商务

消费者对消费者的电子商务就是消费者个人间的电子商务行为。比如，一个消费者有一台电脑，通过网络进行交易，把它出售给另外一个消费者。

### （二）按交易涉及的商品内容分类

#### 1. 间接电子商务

间接电子商务涉及的商品是有形的实物商品，如鲜花、书籍、食品、汽车等，交易的商品需要通过传统的渠道，如邮政和商业快递完成送货，因此，间接电子商务要依靠送货的运输系统等外部要素完成。

2. 直接电子商务

直接电子商务涉及的商品是无形的货物和服务，如计算机软件、电子书、娱乐内容的联机订购、付款和交付，或者是全球规模的信息服务。直接电子商务能使双方越过地理界线直接进行交易，充分挖掘全球市场的潜力。

## （三）按开展电子交易的信息网络范围分类

根据开展电子交易的范围不同，电子商务可以分为区域电子商务、全国电子商务和全球电子商务。

区域电子商务是指在一定地理区域内，通过利用本城市或区域内的信息资源实现电子商务活动。区域电子商务利用互联网、局域网，将区域范围内的商业系统、金融系统、物流系统和政务系统连接起来，是开展全国电子商务和全球电子商务的基础。

全国电子商务是指在本国范围内进行的网上交易活动。与区域电子商务相比，全国电子商务的交易范围比较广，对网络软硬件的要求也相对较高，需要在全国范围内实现交易、支付、物流等方面的电子化和自动化，且要求从事电子商务活动的从业者具备相应的专业知识和技术能力。

全球电子商务是指在世界范围内进行的电子商务活动。由于全球电子商务横跨了多个国家，因此其涉及的交易系统更为复杂，如交易双方的信息系统、海关系统、检疫信息系统、银行系统、保险信息系统、税务信息系统和国际物流组织信息系统等。

## （四）按使用网络的类型分类

根据电子商务所使用的网络类型的不同，电子商务可以分为基于企业内部网络的电子商务、基于企业外部网络的电子商务、基于互联网的电子商务。

基于企业内部网络的电子商务主要对企业内部的生产、人力资源分配、资金调度等活动进行网络集成管理，从而达到降低企业内部管理成本、加速企业内部资金周转和提高企业内部工作效率等目的。

基于企业外部网络的电子商务是通过与企业联盟或合作伙伴的计算机网络系统之间进行点对点的贸易、商务数据交换和自动处理来完成的。

基于互联网的电子商务就是利用互联网开展电子商务活动。它是一个基于 TCP/IP 协议组织起来的松散的、独立的、具有国际合作性质的国际互联网络。由于在互联网上可以开展各种形式的电子商务业务，而且发展迅速，因此，基于互联网的电子商务成为当前电子商务的主要形式。

## 四、电子商务带来的社会变革

电子商务作为一种商务活动，对人们生活、政府决策、企业管理、社会经济等方面都会产生深远的影响。

### （一）电子商务对个人生活的影响

随着互联网的普及和电子商务的兴起，人们的生活、工作、学习、娱乐方式等各个方面都在发生着翻天覆地的变化。

1. 信息传播方式的改变

随着通信技术的不断发展，互联网不仅是人们在生活、工作、学习、娱乐等方面的通信工具，而且是一种新的传播媒介。作为通信工具，互联网不仅能够通过电子邮件、网上电话、网上传真、网上寻呼等功能实现私人需求，而且还能够满足电子商务的通信需求。作为传播媒介，互联网具有访问成本低、可随时随地访问、传播便捷、时空上的独立性等优点。因此，通过互联网，客户可以根据自己的需求随时随地获取信息、提出疑问。

2. 生活方式的改变

随着互联网逐渐融入人们的日常生活，消费者在互联网上浏览商品，直接在网上完成购物、支付，由商家将商品送到消费者手中，已经成为一种时尚，并正在被越来越多的人所接受和使用。与传统购物相比，网购呈现出许多优越性。

（1）多选择性

电子商务中电子商店的容量是无限大的，可以陈列比大型超级市场更多的商品。人们可以更广泛地交流，获得更多、更具体的信息，不受时间、地点的限制。

（2）节约社会劳动和经济资源

电子商务使以销定产更为简便易行，可以密切地衔接商品生产和消费，减少盲目生产和库存积压，从而节约社会劳动和经济资源。

（3）节省时间，享受低价

通过网上购物，消费者能够得到价格上的实惠，能够享受到价格相对低一些的商品和服务。因为电子商务相对于实体商店来说减少了中间采购、库存、交易等环节的成本，商店价格中也就减少了中间费用。

（4）满足个性化消费需要

通过电子商务提供的商品与在线服务可以为单个消费者定制个性化产品

与服务，满足消费者个性化的需要。

（5）提供更有效的售后服务

企业可以通过互联网提供售后服务。除此之外，人们还可以在互联网上发表自己的意见、参加聚会、玩游戏、看电影、听音乐、看书等，并且任何年龄阶段的人都可以通过互联网找到自己感兴趣的事物，人们能够很好地满足在衣食住行等方面的各种需求。

### 3. 工作方式的改变

随着互联网的普及和电子商务的兴起，人们的工作方式变得更加灵活，使得在家工作已经成为现实。例如，企业高层领导或者企业之间的商业谈判等，就可以通过远程视频会议进行，而无须再花费更多的时间在路上，这样不仅能够减轻城市的交通负担，而且能够减少因交通而造成的城市空气污染。同时，电子商务的发展也改变了传统的社会就业结构，对人们的知识、能力和技能提出更高的要求。企业员工、政府职员、学校教师甚至是社会各行各业的就业者都必须熟悉和掌握电子商务的一些基本操作规程，那些既懂得经营管理业务又懂得电子商务技术的复合型人才将成为人才市场上的热门。就业将从传统职业转向要求信息技能、有较高认知推理能力的职业。

### 4. 消费方式的改变

随着电子商务的迅速发展及电子支付和物流配送等服务的完善，现在，人们能够真正做到足不出户就可货比三家，利用网络账户可以在任何时间、任何地点，通过网银服务实现储蓄、转账、信用卡、证券、交易、保险和公司财务管理等多种业务。

### 5. 教育方式的改变

随着通信技术的不断发展，网络远程教育也越来越普及。网络远程教育是以计算机通信技术和网络技术为依托，采用远程实时、多点、双向交互式的多媒体现代化教学手段，可以实时传送声音、图像、电子课件和教师板书，身处两地的师生能像现场教学一样进行双向视听问答。网络远程教育能够很好地发挥“好教师、好教材”的优势，为各个年龄层次、各种知识结构、各种需求层次和各个行业的从业者提供了一种新的学习途径。

## （二）电子商务给企业带来的变革

### 1. 电子商务将改变企业商务活动的方式

通过互联网消费者可以直接进入网上商场进行浏览和采购各类产品，还可以得到在线服务；商家可以利用网络与客户联系、进行货款结算服务；政府可以方便地进行电子招标、政府采购等活动。

### 2. 电子商务正改变企业的生产方式

由于电子商务是一种快捷、方便的购物手段，消费者的个性化、特殊化需要可以完全通过网络展示在生产商面前，为了取悦顾客，突出产品的设计风格，制造业中的许多企业纷纷发展和普及电子商务。

### 3. 电子商务正给传统行业带来一场革命

电子商务能够覆盖商务活动的全过程，通过人与电子通信方式的结合，极大地提高商务活动的效率。传统的制造业借此进入小批量、多品种的时代，使"零库存"成为可能。同时，电子商务为传统零售业和批发业开创了"无店铺""网上营销"的新模式，各种线上服务为传统服务业提供了全新的服务方式。

### 4. 电子商务正带来一个全新的金融业

在线电子支付是电子商务的关键环节，也是电子商务得以顺利发展的基础条件，随着电子商务在电子交易环节上的突破，网上银行、银行卡支付网络、银行电子支付系统、电子支票、电子现金等服务将传统的金融业带入一个全新的领域。

## （三）新一代电子商务——物联网

物联网是新一代信息技术的重要组成部分。顾名思义，物联网就是物物相连的互联网，其包含两层意思：其一，物联网的核心和基础仍然是互联网，它是在互联网基础上延伸和扩展的网络；其二，物联网的用户端延伸和扩展到任何物品与物品之间，可以进行信息交换和通信。

综上所述，物联网的定义是通过射频识别、红外感应器、全球定位系统和激光扫描器等信息传感设备，按约定的协议，把任何物品与互联网连接起来，进行信息交换和通信，以实现智能化识别、定位、跟踪、监控和管理的一种网络，如图 1-4 所示。

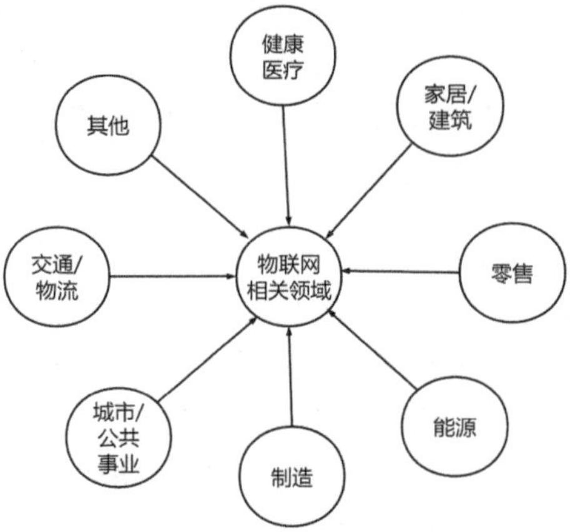


图 1-4　物联网应用示意图

1．物联网的特征

首先，它是各种感知技术的广泛应用。物联网上安置了海量的、多种类型的传感器，每个传感器都是一个信息源，不同类别的传感器所捕获的信息内容和信息格式不同。传感器获得的数据具有实时性，按一定的频率周期性地采集环境信息，不断更新数据。

其次，它是一种建立在互联网上的泛在网络。物联网技术的重要基础和核心仍旧是互联网，通过各种有线和无线网络与互联网融合，将物体的信息实时准确地传递出去。在物联网的传感器定时采集的信息需要通过网络传输，由于其数量极其庞大，形成海量信息，在传输过程中，为了保障数据的正确性和及时性，必须适应各种异构网络和协议。

最后，物联网不仅提供了传感器的连接，而且其本身也具有智能处理的能力，能够对物体实施智能控制。物联网将传感器和智能处理相结合，利用云计算、模式识别等各种智能技术，扩充其应用领域。从传感器获得的海量信息中分析、加工和处理出有意义的数据，以适应不同用户的不同需求，发现新的应用领域和应用模式。

2．物联网技术架构通常分为感知层、网络层和应用层

感知层由各种传感器及传感器网关构成。感知层的作用相当于人的眼耳鼻喉和皮肤等神经末梢，它是物联网识别物体、采集信息的来源，其主要功能是识别物体和采集信息。

网络层由各种私有网络、互联网、有线和无线通讯网、网络管理系统、

云计算平台等组成，相当于人的神经中枢和大脑，负责传递和处理感知层获取的信息。

应用层是物联网和用户（人、组织和其他系统）的接口，它与行业需求相结合，实现物联网的智能应用。

3. 物联网的作用

物联网可以提高经济效益，节约成本，也可以为全球经济的复苏提供技术动力。目前，很多国家和地区都在投入巨资深入研究探索物联网。

物联网的应用领域非常广泛，在绿色农业、工业监控、公共安全、城市管理、医疗、智能家居、智能交通和环境监测等领域大有作为。此外，物联网普及以后，物联网用于动物、植物、机器、物品的传感器与电子标签及配套的接口装置的数量将大大超过手机的数量。

# 第二节　农村电子商务概述

## 一、农村电子商务的概念及分类

### （一）农村电子商务的概念

电子商务是指借助于互联网、移动终端等现代化的通信手段，将生产、销售和管理融为一体的以商品交换为中心的商务活动。

农村电子商务是指通过网络平台配合密集的乡村连锁网点，以数字化、信息化的手段，通过集约化管理、市场化运作、成体系的跨区域跨行业联合，构筑紧凑而有序的商业联合体的商务活动。农村电子商务旨在降低农村商业成本、扩大农村商业领域，使农民成为平台的最大受益者，使商家获得新的利润增长，为建设现代农业服务。

### （二）农村电子商务的特征

农村电子商务具有先进性，能更高效地利用各方面的资源，它具有以下特点：

### 1. 打破了传统农产品销售的时间、空间限制

农产品消费者可以通过互联网来拓宽消费渠道和购物渠道，农民也可以购买一些自己喜欢的但当地商业渠道不太可能提供的商品，从而扩大农民的消费选择范围。农村电子商务有利于农产品销售，包括一些具有地方特色的农产品和农副产品。

### 2. 参与主体具有广泛性

参与农村电子商务的主体的数量和类型很多，农产品的生产者、经营者、加工者、销售者、政府部门等都能够参与其中并获得利益。

### 3. 具有经济性

农村电子商务迅速传递农林渔牧业供求信息，帮助外部非属地市场和属地农民开拓国内市场、走向国际市场，进行农产品市场行情和动态传递、商业机会撮合、产品信息发布等内容，从而扩大农村商业领域。建立农村电子商务平台可以有效地将小农户组织在一起，在销售环节上实现规模化，在降低流通成本的同时可以更好地满足市场的需求，使小农户也具有竞争力。

## （三）农村电子商务的分类

### 1. 按照电子商务交易主体分类

（1）B2B 电子商务

B2B 电子商务是企业与企业之间的电子商务，主要针对企业内部及企业（B）与上下游厂商（B）之间的资讯整合，并在互联网上进行企业与企业间的交易。通过 B2B 的商业模式，不仅可以简化企业内部资讯流通的成本，而且可以使企业与企业之间的交易流程更快速，从而减少成本的耗损。

（2）B2C 电子商务

B2C 电子商务是企业对消费者的电子商务，是企业通过网络向个人消费者销售产品或服务的商务活动。B2C 是目前最常见的一种作业方式。例如网络购物、证券公司网络下单作业、一般网站的资料查询作业等，都属于企业直接接触顾客的作业方式。

（3）B2G 电子商务

B2G 电子商务是企业与政府机构之间进行的电子商务。例如：企业各种手续的报批；政府发布的采购清单，企业以电子化方式的响应；政府对企业的征税；政府的工程招标；海关 EDI 报关；政府管理条例和信息的发

布等。

（4）C2C 电子商务

C2C 电子商务指消费者与消费者之间进行的交易，如网上拍卖和微商等。

（5）ABC 电子商务

ABC 电子商务是一种新型的电子商务模式，是由代理商、商家和消费者共同搭建的集生产、经营、消费于一体的电子商务平台。代理商、商家和消费者三者之间可以转化。

（6）C2G 电子商务

C2G 电子商务是消费者与政府机构之间进行的电子商务，是政府对个人的商务活动，如社会福利基金的发放和个人报税等。

（7）O2O 电子商务

O2O 电子商务是指线上支付，线下消费的电子商务，一般专指本地电子商务。该模式最重要的特点是线上线下相结合，注重线下实体体验。

### 2. 按照电子商务活动内容分类

（1）直接电子商务

直接电子商务是指商家将无形商品和服务产品内容数字化，不需要某物质形式和特定的包装，直接在网上以电子形式传送给消费者，收取费用的交易活动。

（2）间接电子商务

间接电子商务是指在网上进行的交易环节只能是订货、支付和部分的售后服务，而商品的配送还需交由现代物流配送公司或专业的服务机构去完成的交易活动。

### 3. 按照使用网络类型分类

（1）基于电子数据交换的电子商务

电子数据交换是一种利用计算机进行商务处理的方式。电子数据交换是将贸易、运输、保险、银行和海关等行业的信息，用一种国际公认的标准格式，形成结构化的事务处理的报文数据格式，通过计算机通信网络，使各有关部门、公司与企业之间进行数据交换与处理，并完成以贸易为中心的全部业务过程。电子数据交换包括买卖双方数据交换、企业内部数据交换等。

（2）基于互联网的电子商务

基于互联网的电子商务是指利用连通全球的互联网开展的互联网时代电子商务活动，所涉及的领域广泛，如在线产品信息发布、在线订货、物流管理等。

（3）基于企业内部网络的电子商务

基于企业内部网络的电子商务就是利用企业内部网络进行电子交易。企业内部网络是利用企业内部网络技术发展起来的企业内部网，是在原有局域网上附加一些特定的软件，将局域网与企业内部网络连接起来，从而形成的企业内部网。

4. 按照开展电子交易的范围分类

（1）本地电子商务

本地电子商务通常是指利用本城市内或本地区内的信息网络实现的电子商务活动，电子交易的地域范围较小。本地电子商务系统是利用互联网、企业内部网络或专用网将其下系统联结在一起的网络系统。

（2）远程国内电子商务

远程国内电子商务是指在本国范围内进行的网上电子交易活动，其交易的地域范围较大，对软硬件和技术要求较高，要求在全国范围内实现商业电子化、自动化，实现金融电子化。交易各方具备一定的电子商务知识、经济能力和技术能力，并具有一定的管理水平和能力等。

（3）全球电子商务

全球电子商务是指在全世界范围内进行的电子交易活动，参加电子交易各方通过网络进行贸易，涉及有关交易各方的相关系统，如买方国家进出口公司系统、海关系统、银行金融系统、税务系统、运输系统、保险系统等。

## 二、农村电子商务发展及意义

随着互联网购物的发展，电子商务已经逐渐成为人们生活中的一部分，越来越多的人会选择在互联网上购买商品，我国的电子商务体系也越来越完善。不仅在城市，农村电子商务的信息设施、互联网宽带覆盖率也有较大程度的提升，为农村市场经济的发展带来极大的发展机遇，为农民创造更大的经济利益。

### （一）电子商务在农村中发挥的重要作用

1. 增加农民收入

在农村中开展电子商务，对于农民经济收入的提高将是明显的。将农民的特色产品、当地旅游资源通过电子商务平台的方式扩散到全国甚至是全球范围，带来的无疑是一个巨大的市场；通过电子商务平台发布农产品的供求信息，还可以方便快捷地为农民寻找买家，通过电子商务平台将本地特色及潜力开发资源在网络上传播，从而吸引更多的投资者进行投资开发，同样可以增加农民收入。

2. 降低贸易成本，提高效率

在网络上通过电子商务平台进行交易，比之在现实中，可以减少大量成本。无论是在农村搭建农贸市场，还是在农村建设小型超市，其中的场地成本、建筑成本以及各种工商管理等所需费用是非常庞大的；参加各种农产品交流活动，进行专门的广告宣传，各种展台费、广告费也非常昂贵；将农产品运送到城市贩卖的过程中，运输成本和劳动力成本都是不小的开支。而在电子商务平台上发布自己产品的详细信息，和买家在网上进行直接洽谈，在确定贸易数额之后，直接由专门的物流公司运送，或由卖家自行运货，这不仅节约了场地费用、建筑费用，而且也为自己的产品做了免费宣传，在整个交易过程中提高了效率。

3. 推动农村企业发展

农产品所固有的特殊性，如对储存环境要求相对稳定，易碎、易腐烂，都给农产品的运输带来很大的困难。当电子商务平台带来广阔的发展前景时，就会间接促使农村开展农副产品加工行业，用以提高农产品的保鲜度、抗摔度，使农产品方便运输；另外，网络电子商务交易的发展离不开物流运输，因此，这将会吸引到更多电子商务物流供应商在农村开设网点，推动农村企业的发展。

4. 促进城乡互动

电子商务在农村中的兴起，为农村和城市的互动搭建了一个很好的桥梁。通过电子商务，城乡之间可以进行更为方便、有效的交流。

### （二）农村电子商务的外部环境

1. 基础设施明显提升

近年来，农村电子商务基础设施持续得到改善。政府和相关企业纷纷加大对农村电子商务基础设施建设的投入，农村地区的宽带网络、快递物流的覆盖率均有明显提升。

2. 服务体系进一步完善

农村电子商务的核心是农产品电子商务，农产品上行的复杂化加大了服务的难度。只有建立适应农村实际需要的服务支撑体系，才能保证当地的可靠运作和持续发展。2014 年以来，商务部联合多部委开展了电子商务进农村综合示范工作，重点支持和引导电子商务示范县的基层站点、县乡物流、人才培训、电子商务园区、农产品上行等服务体系建设。

### （三）农村电子商务发展建议

1. 加强基础设施的建设

政府必须加大对农村网络基础设施的投入，建立农村宽带网，这不仅可以促进农村电子商务的发展，而且是扩大农民信息来源的有效途径；同时，支持各企业开展“家电下乡”活动，尤其是针对电脑或手机产品的下乡活动，加大补贴力度。

2. 为农民提供网络知识方面的培训

集中为农民提供网络、计算机及电子商务知识方面的培训，特别是针对受教育程度较高的年轻农民开展的培训，是农村电子商务最大的支持潜力。

3. 加强物流体系的建设

在物流方面，应该多鼓励各电子商务物流供应商加大在农村的投资。国家也可以对在农村开设物流网点的物流供应商给予一定的优惠补贴政策。同时，各物流供应商自身也应多开发针对农产品特性的包装材料和运输方式。

4. 严格规范电子商务市场

电子商务市场的规范迫在眉睫，随着电子商务市场的扩大，对其进行规范并作出明文规定是保护电子商务市场正常运行的必要条件，只有这样，电子商务市场才能长期稳定地发展下去。

5. 开发电子商务平台交易的手机客户端

开发电子商务平台交易的手机客户端可以给广大农民进行电子商务交易带来随时随地的方便，也可以减少因购买计算机和上网费用带来的经济负担。

# 第三节 电子商务与农村经济社会转型

## 一、经济社会转型视角下的我国农村电子商务

### （一）我国涉农电子商务新发展阶段的特点

在我国，基于互联网的涉农电子商务发展时间并不长。随着互联网技术和电子商务应用的发展，人们开始利用互联网开展涉农电子商务的探索，其主要标志就是在政府主导和大力推动下，一大批涉农电子商务网站从无到有地发展起来。

1．由以往政府主导向多元主体联合驱动发展

从总体上观察我国涉农电子商务的发展，一方面，政府各涉农主管部门仍一如既往或更加大力推动涉农电子商务；另一方面，特别是近年来，有更多的企业包括通信运营商、电子商务平台服务商、信息技术解决方案提供商和其他非政府机构、组织，在涉农电子商务，尤其是自上而下的涉农电子商务发展中，发挥越来越明显的作用。

2．由长期徘徊于信息服务向交易服务深化拓展

涉农电子商务交易的实现不能离开信息流，但是，除信息流外，它还受到交易产品本身特性、成本、利润、批量、物流、支付等诸多因素的影响。然而，随着涉农电子商务条件逐步趋好，各地从事涉农电子商务交易服务的探索也日渐增多。不仅依托市场化第三方平台，涉农电子商务的在线交易越来越多地得以完成，而且包括一些原来长期从事农村电子商务信息服务的主体，也开始探索向在线交易进军。

3．由原来侧重涉农电子商务的经济意义转向助力农村经济社会的全面转型

涉农电子商务在实践中有着多种不同形式的发展，其主要的驱动主体、发展起点、条件组合、演进路径有所不同。在更多地方的实际发展中，涉农电子商务的起步最初主要是为了满足驱动主体的经济诉求，驱动主体之所以

从事电子商务，是因为它能为自己带来经济效益。但在其后的发展中，特别在那些发展较为成功的地方，电子商务不仅让这些驱动主体、相关的从业者增加了经济收入，而且全面改善了他们的社会地位，推动了当地农村经济社会发生多方面的变化。

#### 4. 涉农电子商务进入新阶段的主要驱动力

涉农电子商务进入新的发展阶段，在其背后，主要有如下三种驱动力联合发挥了重要作用：

（1）国家政策

国家贯彻实行了“城市反哺农村”、城乡统筹发展的方针政策使得涉农电子商务的发展获得了更多的支持，特别是开展涉农电子商务所需的信息基础设施、交通物流条件等进一步得到改善。

（2）市场环境

近年来，社会化、市场化的各类电子商务平台的发展日趋成熟，电子商务服务业有了长足的进步。

（3）用户拓展

我国的互联网和电子商务应用发展到从城市向农村自然拓展的阶段。通过要素在城乡间的流动，电子商务应用由城市向农村蔓延已成为必然趋势，农村中蕴藏的电子商务潜能也必然越来越多地被激发出来。农村网商中的成功者为身边乡亲们利用网络脱贫致富提供了看得见、学得会的示范，吸引着更多农民投身到农村电子商务中。

### （二）我国涉农电子商务的新进展

近年来，我国涉农电子商务主要在以下三个方面取得了不同程度的进展：

#### 1. 涉农电子商务的能力建设取得明显进步

政府、企业和其他各类主体以及越来越多的用户，在信息网络设施、信息终端普及、信息资源开发、信息技术手段和应用系统建设、信息队伍建设等方面，持续不断地投入资源，其中包括国家采取“村村通”工程、“家电下乡”“信息支农”等各类形式进行能力建设，明显改善了包括涉农电子商务在内的涉农信息化的能力。

#### 2. 涉农信息服务成绩显著

在涉农信息化应用中，包括农产品供求和价格信息、市场预警、农业生产资料市场信息和监管信息等在内的、与涉农电子商务特别是农业电子商务密切相关的信息服务，在政府的大力倡导和支持下率先发展起来。其中，农业农村部相继建设了农业政策法规、农村经济统计、农业科技与人才、农产品价格等60多个行业数据库。

这些涉农信息资源的开发和信息服务对涉农电子商务的开展，以及大量的线下交易，都具有积极的促进作用。

3. 涉农电子商务的在线交易有实质推进

在先行启动大宗农产品期货和现货的电子交易的基础上，越来越多的涉农经营主体开始利用各种电子商务平台和渠道，开展小宗的农产品和非农产品的交易活动，难以标准化经营的生鲜类农产品的在线交易也在引起市场主体越来越大的兴趣。

特别值得关注的是，越来越多的农民也开始以不同方式接入某种甚至是同时接入某几种电子商务平台，在线直接销售或促销当地的农副产品与非农产品；也有越来越多的农民以电子商务的方式采购所需的生产资料和生活资料，通过电子支付的方式实现交易。

### （三）涉农电子商务与农村经济社会转型

随着涉农电子商务进入新的发展阶段，涉农电子商务自身在发展中会出现越来越多的新气象，它在推动农村经济社会转型方面的作用也必将越来越多、越来越明显地表现出来。

加强对涉农电子商务与农村经济社会转型关系的研究，探索和揭示二者间的规律，立足亿万农民追求美好生活的内在需求，调整和改进相关政策，对于以信息化助力农村建设、加快我国农村经济社会的转型是非常必要的。

## 二、农村电子商务在农村经济社会转型中的作用

在农村建设的过程中大力发展涉农电子商务，不仅在提高农民收入、促进农村的两化深度融合上具有重大的经济意义，而且对于推动农村社会转型，助力社会主义农村建设目标的实现也具有十分明显的社会价值。

当然，农村经济社会转型是诸多因素共同作用的结果，电子商务只是其中的一个因素。电子商务助力农村经济社会转型，在不同地方、不同案例中也有不同程度的表现，因此不能一概而论。

尽管农村经济社会转型的原因相当复杂，但是电子商务在推进农村经济社会转型中的作用依然是可以观察到的。这里，我们从以下方面归纳讨论电

子商务助力农村经济社会转型的作用：

### （一）提高从业者和相关农户的经济收入

涉农电子商务在取得实质发展的那些地方，明显提高了当地从业者的收入水平，让他们和相关参与者的经济生活发生了巨大的变化。

### （二）提高农民组织化水平

农村电子商务的开展有助于改善当地农民和农业生产组织化的状况。涉农电子商务的经营者们担负着组织和汇聚农民原本分散的买卖需求的重任，他们利用各种不同的经营方式组织农民，直接或间接地通过电子商务平台对接市场，从而让原本分散的农民提高了组织化水平。

#### 1. 发展了乡镇，尤其是村级的信息点和信息员

农村从业者将自己的经营模式命名为区域对区域。其立意就是为突破农民的分散性和低素质限制，用根植村级的加盟信息点和信息员，聚合农民分散的需求，开展涉农电子商务。调研表明，遍布村镇的原有商业、科技、文化、组织等网点，经过必要改造，可以成为发展农村电子商务的有力支点。

#### 2. 有助于发展农民专业合作组织

这主要是通过专业合作社和协会等方式实现的。电子商务大大提升了他们专业合作社的营销、生产和管理水平。其中一些电子商务公司更是专门为农民合作社开辟网上专栏、展开培训甚至搭建起农超对接、农校对接的平台。电子商务协会起到了组织网商、农民，支持农户特别是青年人网络创业的积极作用。

# 第二章　农村电子商务营销、支付与物流

## 第一节　农村电子商务营销知识

### 一、网络营销概述

#### （一）网络营销的概念

网络营销是以互联网络为媒体，以新的方式、方法和理念实施营销活动，更有效地促进个人和组织交易活动实现的新型营销模式。它是企业整体营销策略的一个重要组成部分。

对网络营销定义的理解，要着重把握以下几个方面：

1. 网络营销是手段而不是目的。
2. 网络营销不是孤立的。
3. 网络营销不只是在网上销售。
4. 网络营销不单纯是一种网络技术。
5. 网络营销不等于电子商务。

## （二）营销时代的变革

进入21世纪，一股全新的营销新浪潮正席卷而来。在新的市场环境中，营销传播需要以媒体的创新、内容的创新、传播沟通方式的创新去征服目标受众。相比于以大众营销为核心的营销1.0时代、以分众营销为核心的营销2.0时代，这种新的营销传播浪潮被命名为“创意营销传播”，即营销3.0时代。

## （三）营销3.0时代的网络营销

营销3.0时代的到来为互联网企业带来了勃勃生机，更有针对性，也更能引起消费者的共鸣，从而增加实际效益。

### 1. 病毒营销的裂变效应

社会性网络服务专指帮助人们建立社会性网络的互联网应用服务。从营销工具的角度来看，社会性网络服务中每一个用户实际上是网络营销的一个结点，借助用户间人与人关系的黏性与信任，社会性网络服务的使用者往往会倾向于选择其好友选择的商品和服务，这就让社会性网络服务具有了广告价值，根据关系数据广告主可以有针对性地进行广告投放。

### 2. 营销传播新引擎

即时通信，是一种类似电子邮件的联机通信方式。即时通信营销面对的都是朋友或熟人，所以信息宣传的有效性与针对性就大大加强了。在一个商业信息泛滥的社会中，许多消费者对一般性的商业广告已经熟视无睹，但是对朋友圈中来自好友的信息还是比较愿意接受，这正是诸多企业看好IM营销的原因。IM正在形成一个庞大的社区化平台，人们在这个平台上实现信息获取、沟通、娱乐、商务等生活需求，其所带来的巨大的商业利益与附加价值将无比惊人。

### 3. 手机：互动式的移动营销

随着电信技术的发展，手机可以运用的传播形式也越来越多样化，除文字外，彩色动画、影音乃至二维条码等传播形式越来越受广告主青睐，手机逐渐成为继广播、报刊、电视、网络之后的一种新媒体——第五媒体。手机互动营销以快速的、互动的即时沟通模式，真实的、精确的、强大的数据库分析、挖掘功能，实现了真正意义上的精准沟通，并开始不断进入主流的营销策略中。

4. 网络视频：低成本的营销利器

在我国，越来越多的年轻人转向网络。网络视频的流行改变了网民传统的阅读方式，也改变了企业的信息传播方式。相对于单调的文字形式来说，视频新闻能够带给网民们更多的视听享受。视频在使阅读形式变得轻松的同时，也在逐渐改变着人们由文字到视听的网络阅读习惯。网络视频的快速增长与巨大的潜在空间让所有企业都不容忽视，而通过网络视频进行营销传播，也成为企业营销创新的一种有效工具。

## 二、网络广告与营销策划

### （一）网络广告的概念

简单地说，网络广告就是在网络上做广告，即利用网站上的广告横幅、文本链接、多媒体的方法，在互联网刊登或发布广告，通过网络传递给互联网用户的一种高科技广告运作方式。

### （二）网络广告的形式

1. 横幅式广告

横幅式广告又名“旗帜广告”，是最常用的一种广告方式。通常以Flash.GIF、JPG等格式定位在网页中，同时还可使用Java等语言使其产生交互性，用shockwave等插件工具增强表现力。

2. 文本链接广告

文本链接广告是以一排文字作为一个广告，点击可以进入相应的广告页面。这是一种对浏览者干扰最少，但较为有效果的网络广告形式。有时候，最简单的广告形式效果却是最好的。

3. 电子邮件式广告

电子邮件式广告以电子邮件的方式免费发送给用户，一般在拥有免费电子邮件服务的网站上经常使用。

4. 插播式广告（弹出式广告）

访客在请求登录网页时强制插入一个广告页面或弹出广告窗口。它们有点类似电视广告，都是打断正常节目的播放，强迫观看。插播式广告有各种尺寸，有全屏的也有小窗口的，而且互动的程度也不同，从静态的到全部动态的都有。浏览者可以关闭窗口不看广告（电视广告是无法做到的），但是它们的出现没有任何征兆，因而肯定会被浏览者看到。

5. 视频广告

视频广告是一种新型网络广告形式，广告展示效果大气，用户印象深刻，广告情节连贯。

### （三）网络广告的目标

通过信息沟通使消费者产生对品牌的认识、情感、态度和行为的变化，从而实现公司的营销目标。在公司的不同发展时期人们应该有不同的广告目标，归纳起来主要有三种：告知广告、劝说广告、提示广告。

### （四）网络广告的创意及策略选择

1. 合理安排网络广告发布的时间

网络广告的时间策划是其决策的重要方面。它包括网络广告的时限、频率、时序及发布时间。时限是广告从开始到结束的时间长度，即公司的广告打算持续多久。频率即在一定时间内播放广告的次数，网络广告的频率主要用在电子邮件广告形式上。时序是指各种广告形式在投放顺序上的安排。发布时间是指广告发布是在产品投放市场之前还是之后。消费者上网活动的时间多在晚上和节假日。

2. 确定网络广告的费用预算

整体促销预算可以运用量力而行法、销售百分比法、竞争对等法（即该产品的广告费提高到能对抗竞争对手产品的广告费水平的方法）或目标任务法来进行预算。

3. 目标任务法的步骤

（1）确定广告目标。

（2）决定为达到这种目标而必须执行的工作任务。

（3）估算执行这种工作任务所需的各种费用，这些费用的总和就是计划广告预算。

### （五）选择网络广告的发布渠道及方式

1. 主页形式

2. 网络内容服务商

3. 专类销售网

4. 免费的服务

5. 网络报纸或网络杂志

6. 社交媒体

## 三、新媒体营销

新媒体更贴近客户，可与客户进行面对面交流，宣传企业文化，聆听客户建议，与客户建立信任度和亲切感。

### （一）新媒体的概念

新媒体是以计算机、手机、网络等现代信息技术为支撑，以互联网为核心的一种新兴网络媒体。新媒体包括数字电视、卫星直播电视、移动电视、网络电视、楼宇视频、移动多媒体、虚拟社区、搜索引擎、门户网站等。

### （二）新媒体的特点

1. 新的信息组织者

门户网站、社交软件、网络游戏公司的出现，使组织传播信息的人群不再只是记者和编辑，而增加了网站主编等许多新鲜血液，这使传播的信息多样化，更易被广大传播者接受。

2. 新的传播内容和形式

免费短视频、彩铃、可供点播或下载的视频和音频、及时的个人评论，都是依赖于新媒体才得以传播的，信息内容更真实，形式生动活泼，从而迎合年轻人的需要。

3. 新的传播行为

新媒体所带来的新的传播行为主要是传播的交互性、收发信息的异步性和接收信息的主动性。由于可以通过网络留言或交谈、在线网络调查、手机短信等多种方式与信息组织者及时进行沟通，信息接受者可以立刻将个人意见反馈给信息源，甚至可以马上参与到信息源的信息加工中。

4. 新的传播效力

今天的媒体既能提供视频、音频、文字甚至触觉和嗅觉等五官感受齐全的信息，也能及时参与信息反馈并影响信息源的内容加工，还能实现远距离、高信息量和高储存力的传播。

5. 新的传播状态

由传统媒体的一点对多点变为新媒体的多点对多点。传统媒体主要由编辑决定报道主题，记者收集事实，然后包装成新闻。新媒体则不同，主要依托互联网、手机短信等方式，任何人都可以经济而便捷地以众多形式向他人传播信息。

### （三）新媒体的形态

新媒体的划分标准有很多，从媒体形态而言，主要分为网络媒体、社交媒体和新型媒体。

1. 网络媒体

网络媒体是新媒体中的传统形态，是随着互联网在我国的发展而走进大众视野的，给予网民最初的关于网络应用的概念，同时积累了最早的互联网用户。

网络媒体作为最早出现，同时也是最重要的新媒体形态，目前包括门户网站、搜索引擎、网络视频/电视、网络报纸/杂志、网络游戏、网络动画、网络文学。

2. 社交媒体

社交媒体，也称社会化媒体，指允许人们撰写、分享、评价、讨论、相互沟通的网站和技术。

社交媒体营销就是要借助这些社交媒体，倾听用户的声音，宣传自己的产品，在潜移默化中影响客户。

社交媒体营销以信任为基础的传播机制及用户的高主动参与性，更能影响网民的消费决策，并且为品牌提供了大量被传播和被放大的机会。社交媒体用户黏性和稳定性高，定位明确，可以为品牌提供更细分的目标群体。社交媒体营销的市场仍在不断扩大，成为一种全新的商业竞争模式。

社交媒体的迅速发展恰恰符合了网络用户的真实需求，即参与、分享和互动，它代表了网络用户的特点，也是符合网络营销发展的新趋势。没有任何一个媒体能够把人与人之间的关系联系得如此紧密。无论是朋友的一篇日记、推荐的一个视频、参与的一个活动还是朋友新结识的朋友，都会让人们在第一时间及时了解和关注到身边朋友们的动态，并与他们分享感受。只有符合网络用户需求的营销模式，才能在网络营销中发挥更大的效用。

3. 新型媒体

新型媒体是视频技术走出固定场所，面向开放的户外空间、移动空间，并借助无线网络而形成的变异形态。目前主要包括楼宇电视、移动车载电视、户外新媒体等。

楼宇电视一般针对中高端消费群体，常安置于高档写字楼、高档小区及一些重要的服务大厅，传播范围较窄、内容针对性较强。

移动车载电视作为大众媒介有着独特的媒体优势。乘客所在的商务车、出租车、公交车或地铁属于封闭空间，电视作为彼时彼地突出的娱乐媒体和信息渠道，足以实现“枪弹式的强制传播”。

户外新媒体的受众与车载移动电视的受众相反，他们只消费瞬间的注意力。

# 第二节　农村电子商务支付体系

## 一、电子商务支付体系

### （一）电子商务的支付方式

从目前国内电子商务发展环境来看，支付方式主要包括线下支付和网上支付两种方式，并且这两种支付方式同时存在。具体来说，主要的支付方式如下。

1. 汇款

银行汇款或邮局汇款是一种传统的支付方式，属于线下支付。消费者需要亲自到银行或邮局办理相关手续并支付一定费用，无法实现电子商务低成本、高效率的优势。因此，并不能适应电子商务的长期发展。

2. 货到付款

货到付款是指买方在网上订货后由卖方送货至买方处，经买方确认后付款的一种支付方式。货到付款既解决了我国网上零售行业支付和物流两大难题，又培养了客户对网络购物的信任。对于这种支付方式，虽然消费者无须支付额外的交易佣金，但是将支付与物流结合在一起存在很多问题，比如，多数情况下只能采用现金付费，太过于依赖于物流，若物流方面出现问题，支付也将受到影响。因此，这种方式同样不能真正发挥电子商务的优势，也不能适应电子商务的长期发展需要。

3. 网上支付

网上支付以互联网为基础，利用银行所支持的某种数字金融工具，实现从购买者到金融机构、商家之间的在线货币支付、现金流转、资金清算、查询统计等过程，由此为电子商务和其他服务提供金融支持。

（1）网上支付的方式

网上支付的方式主要包括银行卡在线转账支付、电子现金、电子支票、第三方支付平台结算支付、移动支付等。

（2）网上支付的技术要求

从技术角度看，网上支付至少需要四个方面的组件：商户系统、电子钱包、支付网关和安全认证。其中后三者是网上支付的必要条件，也是网上银行运作的技术要求。

①电子钱包。电子钱包内存放的是电子货币，如电子现金、电子零钱、电子信用卡等。使用电子钱包购物，通常需要在电子钱包服务系统中进行。

②支付网关。支付网关是银行专用网络与互联网之间的接口。其主要作用是完成两者之间的通信、协议转换和进行数据加密、解密，以保护银行内部的网络安全。支付网关的功能主要有：将互联网传来的数据包解密，并按照银行系统内部的通信协议将数据重新打包；接受银行系统内部反馈的响应消息，将数据转换为互联网传送的数据格式，并对其进行加密。

③安全认证。在网上交易中，客户、商家、银行不可能直接见面，为了确认交易各方的身份及保证交易不可否认，需要有一份数字证书进行验证，这就是电子安全证书。

## （二）网上银行业务

1. 网上银行的意义

网上银行又称网络银行、在线银行，是指银行利用互联网技术，通过互联网向客户提供开户、销户、查询、对账、行内转账、跨行转账、信贷、网上证券、投资理财等服务项目，使客户足不出户就能够安全便捷地管理活期和定期存款、支票、信用卡及个人投资等。可以说，网上银行是虚拟银行柜台。

网上银行不受时间、空间限制，能够在任何时间、任何地点以任何方式为客户提供金融服务。

2. 网上银行的分类

网上银行的模式有两种：第一种模式是完全依赖于互联网的无形的电子银行，也叫“虚拟银行”。这种网上银行一般只有一个办公地址，没有分支机构，也没有营业网点，采用国际互联网等高科技服务手段与客户建立密切的联系，提供全方位的金融服务。第二种模式是在现有传统银行的基础上，利用互联网开展传统的银行业务服务交易。即传统银行利用互联网作为新的服务手段为客户提供在线服务，实际上是传统银行服务在互联网上的延伸。这是目前网上银行存在的主要形式，也是绝大多数商业银行采取的网上银行发展模式。

3. 网上银行的业务内容

一般来说，网上银行的业务品种主要包括基本网上银行业务、网上投资、网上购物、个人理财助理、企业银行服务、信息发布及其他金融服务等。

（1）基本网上银行业务

商业银行提供的基本网上银行业务包括在线查询账户余额、交易记录、下载数据、转账和网上支付等。

（2）网上投资

金融服务市场发达，可以投资的金融产品种类众多，国外的网上银行一般提供包括股票、期权、共同基金投资和 CDS 买卖等多种金融产品服务。

（3）网上购物

商业银行的网上银行设立的网上购物协助服务，大大方便了客户网上购物，为客户在相同的服务品种上提供了优质的金融服务或相关的信息服务，加强了商业银行在传统竞争领域的竞争优势。

（4）个人理财助理

个人理财助理是国外网上银行重点发展的一个服务品种。各大银行将传统银行业务中的理财助理转移到网上进行，通过网络为客户提供各种解决方案，提供咨询建议，或者提供金融服务技术的援助，从而极大地扩大了商业银行的服务范围，并降低了相关的服务成本。

（5）企业银行服务

企业银行服务是网上银行服务中最重要的部分。其服务品种比个人客户的服务品种更多，也更为复杂，对相关技术的要求也更高。企业银行服务一般提供账户余额查询、交易记录查询、总账户与分账户管理、转账、在线支付各种费用、透支保护、储蓄账户与支票账户资金自动划拨、商业信用卡等服务，还包括投资服务等。部分网上银行还为企业提供网上贷款业务。

（6）信息发布

信息发布包括国际市场外汇行情、兑换利率、储蓄率、汇率、国际金融信息、证券行情、银行信息等功能。

（7）其他金融服务

除了银行服务之外，大型商业银行的网上银行均通过自身或与其他金融服务网站联合的方式，为客户提供多种金融服务产品，如保险、抵押和按揭等，以扩大网上银行的服务范围。

4. 网上银行的开通

消费者只要到相应的银行申请一个银行卡账号，同时银行会提供一个只属于客户个人的安全密钥，这是为了保证客户在线交易时的安全。现在大多银行都免费提供动态口令卡，其实就是该银行的客户证书。其作用是当客户进行网上交易的时候，银行可以确认客户的身份。有了这些，客户就可以在相应的网上银行注册，实现方便快捷的网上交易。

5. 电子货币

电子货币的功能主要有以下四个方面：一是结算功能，代替现金，直接用于消费；二是储蓄功能，可以存款、取款；三是兑现功能，可以兑换为货币；四是消费贷款的功能。

目前，我国流行的电子货币主要有以下五种类型：

（1）充值卡型电子货币

这类电子货币一般以磁卡或IC卡形式出现，其发行主体除了商业银行之外，还有电信部门（普通电话卡、IC电话卡）、1C企业（上网卡）、商业零售企业（各类消费卡）、政府机关（内部消费IC卡）和学校（校园IC卡）等。发行主体在预收客户资金后，发行等值充值卡，充值卡在客户消费时以扣减方式支付费用。

（2）信用卡应用型电子货币

信用卡应用型电子货币指商业银行、信用卡公司等发行主体发行的贷记卡或准贷记卡。可在发行主体规定的信用额度内贷款消费，然后在规定时间内还款。信用卡的普及使用扩大了消费信贷，影响货币供应量。

（3）存款利用型电子货币

存款利用型电子货币主要有借记卡、电子支票等，用于对银行存款以电子化方式支取现金、转账结算、划拨资金。该类电子化支付方法的普及使用能减少消费者往返于银行的费用，致使现金需求余额减少，并可加快货币的流通速度。

（4）电子支票

电子支票是一种借鉴纸质支票转移支付的优点，利用数字传递将钱款从一个账户转移到另一个账户的电子付款形式。这种电子支票的支付是在与商户及银行相连的网络上以密码流方式传递的，多数使用公用关键字加密签名或个人身份证号码代替手写签名。

用电子支票支付，事务处理费用较低。它的运用使银行介入网络交易中，用银行信用弥补了商业信用的不足。电子支票非常适合小额结算。

（5）现金模拟型电子货币

①电子现金。这是一种以数据形式存在的现金货币。它把现金数值转化为一系列加密序列数，通过这些序列数表示现实中各种金额的币值。电子现金主要有两种：一种是基于互联网网络环境使用的且将代表货币价值的二进制数据保管在微机终端内的电子现金；另一种是将货币价值保存在 IC 卡内并可脱离银行支付系统流通的电子钱包。

②电子钱包。电子钱包有两种概念：一是纯粹的软件，主要用于网上消费、账户管理。这类软件通常是与银行账户或银行卡账户连接在一起的。二是小额支付的智能充值卡。持卡人预先在卡中存入一定的金额，交易时直接从储值账户中扣除交易金额（即上文提及的电子现金的一种）。

6. 网上支付系统

现阶段，我国网上支付系统的种类主要有以下三种：

（1）信用卡支付系统

每张卡对应着一个账户，资金的支付最终通过转账实现，在消费者中实行“先消费，后付款”的方法，属于“延时付款”一类，与电子转账有实质的不同。信用卡支付系统需要采用在线操作，可以透支。

（2）电子转账支付系统

支付过程中的操作直接针对账户，对账户的处理即意味着支付的进行，是一种“即时付款”的支付方法。在支付过程中，由于发起人不同又可分为付款人启动的支付和接收人启动的支付。在此系统中，付款人对支付的确认十分重要，这就需要一些确认的手段，如支票。于是，这一系统也必须在线操作，但不允许透支。

（3）电子现金支付系统

支付过程中不直接对应任何账户，持有者实现预付资金，便可获得相应货币值的电子现金（智能卡或硬盘文件），因此可以进行离线操作，是一种“预先付款”的支付系统。

## 二、第三方支付平台

第三方支付平台是指电子商务企业与银行之间建立的支付平台，以支付公司为信用中介，以互联网为基础，通过整合多种银行卡等支付工具，或者借助第三方网上支付工具（虚拟账户、虚拟货币），为买卖双方进行交易资金的代管、支付指令的转换，并提供增值服务的网络支付中介渠道，实现从消费者到金融机构、商家之间的在线货币支付、现金流转、资金清算、查询统计等业务流程。

### 1. 第三方支付平台的种类

（1）网关型第三方支付平台

使用网关型第三方支付平台，网站要与银行一一签约，银行也可以直接利用第三方的服务系统，从而节省网关开发成本，并与第三方支付平台分享支付手续费。但是此模式下，网站商家和银行才是它的客户，消费者最终还是要使用各网上银行进行付款。

（2）信用担保型第三方支付平台

为了帮助网上交易双方建立信任关系，保证资金流和货物流的顺利对流，实行“代收代付”和“信用担保”的第三方支付平台应运而生，通过改造支付流程，起到交易保证和货物安全保障的作用。

### 2. 第三方支付的特点

（1）可以消除人们对网络购物和交易的顾虑。

（2）可以为商家提供更多的增值服务，帮助商家网站解决实时交易查询和交易系统分析，提供方便及时的退款和支付服务，起到仲裁作用，维护客户和商家的权益。

（3）提供一系列的应用接口程序，可以帮助商家降低运营成本，帮助银行节省网关开发费用。

（4）有助于打破银行卡壁垒。

## 三、电子商务支付安全常识

### 1. 使用数字签名和数字证书实现对各方的认证

为实现协议的安全性，对参与贸易各方的身份的有效性进行认证，通过认证机构或注册机构向参与各方发放数字证书，以证实身份的合法性。

### 2. 使用加密技术对业务进行加密

可以采用单钥体制进行信息加密，并采用数字信封、数字签名等技术加强数据传输的保密性，以防止未被授权的第三者获知信息的真正含义。

### 3. 使用消息摘要算法确认业务的完整性

为保护数据完整无缺地到达接收者，可以采用数据杂凑技术通过对原文进行杂凑生成消息摘要一并传送给接收者，接收者就可以通过摘要判断所接收的消息是否完整，否则，可以要求发送端重发，以保证其完整性。

### 4. 当交易双方出现异议、纠纷时，保证对业务的不可否认性

在交易中会出现交易抵赖的现象，如信息发送方在发送操作完成后否认曾经发送过该信息或与之相反。接收方收到的交易信息正是自己的合作对象发出的，而对方本身也没有被假冒，是电子商务活动和谐顺利进行的保证。

### 5. 能够处理贸易业务的多边支付问题

网上贸易的支付要涉及客户、商家和银行等多方，其中传送的购货信息与支付信息必须连接在一起，因为商家只有确认了支付信息后才会继续交易，银行也只有确认了购付信息后才会提供支付。同时，商家不能读取客户的支付信息，银行也不能读取商家的订单信息，这种多边支付的关系可以通过双联签字等技术实现。

# 第三节　农村电子商务物流知识

## 一、农村电子商务物流

### （一）物流模式

1. A2A 模式

A2A 模式是电子商务中的生产者和消费者都通过代理人参与电子商务的过程。

2. A2C 模式

A2C 模式是在电子商务市场中，生产者或者消费者之间产生营销关系的一种电子商务模式，由产品制造商直接将产品销售给用户。

消费者可以通过这个平台，以厂家直供的价格，拿到质优价廉的商品。并且最关键的一点是，通过厂家直供的方式，平台出售商品的质量得到了足够的保证，真正做到让客户放心购物。

3. C2C 模式

C2C 模式是个人与个人之间的电子商务。比如一个消费者有一部手机，通过网络进行交易，把它销售给另外一个消费者。

### （二）电子商务平台

1. 第三方电子商务平台

第三方电子商务平台指独立于产品或服务的提供者和需求者，通过网络服务平台，按照特定的交易与服务规范，为买卖双方提供服务。服务内容可以包括但不限于“供求信息发布与搜索，交易的确立、支付、物流”。

2. 自建网站

电子商务兴起之后，一些思想比较先进并且有一定计算机水平的农户或者农业商人，开始模仿品牌企业在网上建立自己的销售网址。

3. 其他网络平台

除了上述两种平台之外，农村电子商务有时也会用到公共网络交流平台和搜索引擎或者门户网站平台。

## 二、农村电子商务物流发展分析

近年来，电子商务对农村经济发展的拉动作用越来越明显，成为带动农村经济发展的主力军。

### （一）农村电子商务物流配送的模式

1. 自营物流配送模式

自营物流配送模式是指电子商务企业自行组建配送系统，并对整个企业内的物流运作进行计划、组织、协调、控制管理的一种模式。目前，自营物流配送模式主要分为两种类型：一类是资金实力雄厚且业务规模较大的B2C电子商务公司；另一类是传统的大型制造企业或批发零售企业经营的B2C电子商务网站。

2. 第三方物流配送模式

第三方物流配送模式是指以签订合同的方式，在一定时期内将部分或全部物流活动委托给专业的物流企业完成，这种模式也称外包物流配送模式。目前，我国的第三方物流配送模式提供商主要包括一些快递公司和国内邮政体系两种。

3. 物流联盟配送模式

物流联盟配送模式是指物流配送需求企业或者物流企业之间，为了提高配送效率及实现配送合理化，所建立的一种功能上互补的配送联合体。电子商务物流联盟模式主要是指多家电子商务企业与一家或者多家物流企业进行合作，或者多家电子商务企业共同组建一个联盟企业为其提供物流服务，为了实现长期合作而组合到一起的方式。

4. 自营物流 + 第三方物流配送

自营物流 + 第三方物流配送模式是有一定经济实力的企业才会采用，因为即使很有实力的企业，也不可能是“全能型企业”。因此，与第三方物流企业配合，建立协同关系是必然选择。

5. 自营物流 + 消费自提 / 自营配送

自营物流 + 消费自提 / 自营配送模式使企业在选择自营物流的同时，也发挥现有渠道企业的作用和消费者的作用，如可以利用便利店、社区店的业态进行创新。

6. 消费者自提 / 第三方配送

鼓励消费者自提，发挥第三方配送的作用，直接送到消费者手中，扩大物流配送的社会化功能。

### （二）加快我国农产品物流发展的对策

1. 增强现代物流意识

对各级政府部门和农民进行教育与培训，增强其市场经济观念，让其从意识上重视农村物流，从而制定政策、方针，发展农村物流；农民对农村物流认识更彻底，才会更多地运用物流，发挥农村物流的最大功效，进而形成系统完备的物流链条。

2. 加大物流设施、设备

农产品本身具有品种多样性特征，为满足农产品的运输，保证其在运输途中的产品质量，必须要求物流方式多样化，链条系统性，设施、设备完善。

3. 加快农产品物流信息化建设

21 世纪，人类进入了一个崭新的时代——信息化时代。随着信息化网络的发展，人们的经济活动和社会活动都越来越离不开网络并通过信息化实现资源共享。一方面，保证生产过程的计划性，降低风险；另一方面，通过网上订单方式，节省交易成本，提高物流效率和服务水平，逐步实现农产品物流的网络化和智能化。

## 三、冷链物流

随着互联网的飞速发展，网购在人们的生活中占据着越来越重要的位置。方便、实惠的购买模式，被越来越多的人喜欢并接受。但是对于特殊的商品（新鲜的蔬菜、水果等），如用一般的物流方式运输，待商品送到消费者手中时，可能就不受消费者喜爱了。这时候就需要一种特殊的物流方式——冷链物流。

### （一）冷链物流

冷链物流泛指冷藏冷冻类物品在生产、贮藏运输、销售，到消费前的各个环节中始终处于规定的低温环境下，以保证物品质量和性能的物流过程。它是随着科学技术的进步、制冷技术的发展建立起来的，是以冷冻工艺学为基础、以制冷技术为手段的低温物流过程。

### （二）冷链物流的适用范围

1. 初级农产品

初级农产品指种植业、畜牧业、渔业等未经过加工的产品。但并非所有的初级农产品都适用冷链物流，只有在低温环境下才能保证其性能的初级农产品才在范围之内。例如：蔬菜、水果（不包括果干品）；肉、生禽、鲜蛋；水产品；花卉产品。

2. 加工食品

加工食品指直接以农、林、牧、渔业产品为原料经过加工处理，从而形成的一种新形式可直接食用的产品。例如：速冻食品（速冻水饺、速冻汤圆、速冻馒头等）；禽、肉、水产等包装熟食；冰激凌和奶制品；快餐原料（油炸鸡腿、油炸鸡翅等）。

3. 特殊商品

特殊商品如生物制品（菌苗、疫苗、毒素等）、药品。

### （三）冷链物流行业的优缺点

进入 21 世纪以来，随着科学技术的进步、制冷技术的发展，冷链物流的发展环境和条件不断改善。在冷链物流行业发展日益红火之时，它的优缺点也日益凸显。

1. 冷链物流行业的优点

（1）延长食物存储期限

冷链物流让食物在运输途中一直处于低温状态，提高了食品的保鲜能力，降低了食物的营养流失和味道改变的概率，延长了食物的存储期限。

（2）缩短运输时间

冷链物流具有非常高的时效性，由于冷链物流运输的产品一般易腐或不易储藏，因此要求冷链物流必须迅速完成作业，保证时效性。例如：不同地域之间的食物采用冷链物流运输，不仅可以缩短运输时间，而且可以让食物在到达目的地时仍然能保持新鲜和高营养。

（3）保证食品安全

冷藏和冷冻食品需要一个完整的冷链物流对货物进行全程低温控制，以确保食品的安全，而冷链物流可以实现装卸货物时的封闭环境、储存和运输，为食品的安全输送提供了保证。

2. 冷链物流行业的缺点

（1）建设投资大

建设冷链物流的要求比一般常温物流系统更高，它是以冷冻工艺学为基础、以制冷技术为手段建设的一个系统的低温物流工程。该工程比较庞大，耗资也相对较大。

（2）时效性强

冷链物流运输的都是易腐蚀食品，该种食品具有很强的时效性，超过其时效，食品将腐烂，造成巨大损失。因此，对冷链物流的时效性要求也较高，必须在短时间内完成食品运输，要求各环节必须具有较高的组织协调性。

（3）回收期较长

冷链物流的建设比一般物流的建设投资大，而在我国冷链物流的认知度还比较低，物流费用较高，大众运用较少，因此回收成本时间较一般物流长。

# 第三章　农村电子商务平台系统建设

## 第一节　农村电子商务系统的信息平台

### 一、农村电子商务信息平台的内涵

基于互联网技术的农村电子商务信息平台项目，是一个集农村公共信息服务和农村商贸信息化服务于一体的基础建设项目。其基本内涵是：

第一，开发一个面向农村的网络交互平台，让广大普通农民有能力、有兴趣，在自己家里，无须别人帮助的情况下，亲自操作普通计算机、电视机、手机等终端设备，利用互联网发布产品买卖信息。将每个上网农民发布的个性化供求信息转换为能够为广大农民需要的公共信息，从而建立起一个在使用过程中能够实现自我更新、低成本可持续运行的农村公共信息服务平台。

第二，应用经济机制设计理论中的显示性原理，通过公共信息平台自动地将买卖双方连接在一起，使信息需求者获得类似于采用拍卖、招标手段能够获得的较为完整的信息，从而建设最有效率的交易机制和效益最大化的交易平台，使农民由“被动接受”变为“主动营销”。

第三，系统设计追求网络和数据库结构的开放性、专业性、实用性、创新性；对硬件功能和网络环境的要求控制在先进适用性水平。

总之，通过此平台的建设与应用，逐步建立高效先进的农村商贸信息网络运行机制，采用先进适用的信息技术手段，降低运行成本和费用，广泛推广应用可以提高农业和农村发展的社会效益与经济效益。

## 二、农村电子商务信息平台建设的架构

农村电子商务信息平台建设包括农民信息互动、物流配送、农村电子商务、农村社会服务等主要内容，一端联结着广大农民，另一端联结全县、全省、全国乃至国际大市场，这样就实现了千家万户小生产与千变万化大市场的有效对接。

该平台的基本架构分为省、县、村三级，在县设置信息处理中心，上接互联网、涉农企业和省级平台，下连村级。各村的数据采集点通过互联网络与县信息处理中心连接，实现双向增量数据交换。县级中心，汇总来自全县农户终端的商贸信息，并代理发布到互联网和省级平台，统一下载互联网的涉农信息，汇总来自涉农企业的信息，经整理、筛选、编辑后增量发给千家万户的农民终端。省级平台主要对网内信息进行综合分析、市场供求趋势预测，为制定有关农村政策提供依据，为广大农民、涉农企业提供充分的市场信息服务。

## 三、农村电子商务信息平台运营管理的基本内容

农村电子商务信息平台运营管理主要分基础管理与增值服务两类，为用户提供通用与个性化服务，提升经营管理水平与盈利能力。

提供基础服务，保证平台业务正常运转、数据交换畅通与数据安全。

提供增值服务，在实现基本商品流通与为农服务业务的同时，提供更多的盈利增长点，实现多方共赢。

## 四、产品在农村电子商务平台上的流通方式

农村电子商务的平台建设，主要是指农产品的网上交易模式研究，从根本上解决农产品销售难的问题，从而实现加快农产品的快速流动和资金的周转，逐步缩小城乡差距，实现城乡的二元共生平衡发展，最终实现农村市场

同国际市场对接、城乡共同富裕的最终目标。同时对农产品的质量安全、农村电子商务组织模式、农产品物流标准化和农民电子培养等方面进行研究，可以保证农村电子商务的快速有效实施，提高运用效果。

### （一）网上农贸市场

网上农贸市场是农村电子商务最为重要应用前景，它直接反映了农产品在农村电子商务平台上的流通方式，影响了消费者进行产品购买的消费方式，进而影响到农产品供应链的好与坏。因此，很多电子商务就是按照产品交易模式的不同进行分类的。农产品交易模式在这主要是指电子商务平台下农产品在传统生产和经济活动中发起的新的网络社会经济运作模式。好的商务运作模式必须能够赢得顾客，吸引投资者和创造利润，并且它的成功运行需要各个部分的相互支持和改进，其中的任何一部分发生改变，都将成为另外一种模式。网上农贸市场就是一种将传统的农副产品市场与信息技术相结合的成果。

网上农贸市场在我国已经开展了几年，并取得了一定的效果。目前，国内各大城市出现的网上农贸市场，是近年来兴起的一种农副产品网上交易的新模式。传统农贸市场是我国农产品的主要集散地，也是我国农副产品的主要交易场所。通过网络信息化的集成，将传统农贸交易嫁接到网上，使得消费者通过网上采购就可以获得新鲜的农产品。通过对网上农贸市场功能的完善，还可以添加许多新的功能，如按菜谱提供买菜方案。通过将现代电子商务模式与传统线下农产品零售业进行创新性融合，以现代网络信息终端设备，简单方便地获取消费者购物信息。通过快捷方便的物流为消费者提供高品质的农产品。

### （二）数字农家乐

随着农村旅游业的不断发展，通过农村电子商务的集成，旅游者通过网络化信息平台对自己的乡村出行进行规划设计，通过以“农家乐”为主的乡村旅游方式进行一种参与和体验。“数字农家乐”是在传统农家乐的基础上，将其成功地集成到农村电子商务平台中，农民可以通过网络信息平台直接对旅游产品进行宣传和销售，通过套餐的形式给消费者带来一条龙的旅游体验服务。“农家乐”这种乡村旅游方式结合了我国农村旅游业的发展特点，符合我国农村经济发展，在国内有着非常好的发展前景。据调查统计，我国各省具有不同程度上的“农家乐”旅游项目，带来乡村旅游业收入逐年增加。

通过将“农家乐”与农村电子商务进行良好对接，利用网络信息化技术，服务于广大的消费者和农村居民。通过平台的在线统计功能，结合历史的数据，可以有效地对市场进行监控，以备及时地调整。同时，如果出现产品供应不足的情况时，可以通过农村电子商务平台的网络信息发布平台，发布新的“农家乐”旅游项目，保证旅游消费者的旅游舒适度。借助数字“农家乐”，可以增加农产品的销售出路，由于是直接从田地到餐桌上，因此节省大量的物流成本，给双方带来较大的利益空间。

#### （三）网上公社平台

随着信息技术的不断发展，城乡居民对生活质量和水平的要求也越来越高。网上公社平台是农村电子商务未来发展的又一重要前景，直接影响着城乡居民的生活质量和水平。网上公社平台集成了网上乡政府、网上医院、网上学校、网上邮局、网上农民俱乐部等。

网上农民俱乐部的重要功能是亲子乐园，可让留守的孩子（老人）在网上和异地打工的父母（孩子）视频聊天，尽享亲情；可通过全国联网的网上医院，预约名医，并通过视频聊天初步确定病情；网上学校可以培养信息农民，并让农村的孩子尽享免费开放的教育资源。网上乡政府还可以向农民宣传国家的农村政策、发布天气预报信息、预测农产品销售行情等。而对于一些特色农业县（古村落旅游县等），则可以开通国际电子政府网站，借助互联网直接向世界展示本地的风采。

## 第二节　农村电子商务系统发展

### 一、农业电商信息平台的功能

互联网信息系统是指企业、组织和电子商务服务商，在互联网的基础上开发设计的信息系统。它可以成为企业、组织和个人消费者之间跨越时空进行信息交换的平台，在信息系统的安全和控制措施保证下，通过基于互联网的支付系统进行网上支付，通过基于互联网的物流信息系统控制物流，最终保证企业、组织和个人消费者之间网上交易的实现。因此，互联网信息系统的主要作用是提供一个开放的、安全的和可控制的信息交换平台，它是电子商务系统的核心和基石。

农业和农村信息化是农业电商信息平台实现的必要前提。农业电商信息平台功能的实现必须依托信息平台的建设，农业信息平台建设是农业和农村信息化的重要任务之一。

农业和农村信息化建设以优化配置信息资源为基础，以开发应用信息技术为支撑，以提升信息服务能力为重点，通过农业农村部门与相关部门及社会力量的共同努力，农业和农村一体化信息基础设施装备水平有明显提高，信息化对现代农业、农村公共服务和社会管理的支撑能力显著增强，乡村两级信息化服务组织得到充分发展，农业和农村信息化可持续发展机制将逐步完善，基本满足发展现代农业和建设社会主义新农村对信息化的需要。在我国广大的涉农组织中，绝大多数为中小微型企业。我国的农业企业信息化具有与大型企业信息化、国外同类企业信息化的不同特点和规律。政府部门要在充分发挥中小微企业主体作用的基础上，加强引导，激发中小企业信息化建设的积极性、主动性和创造性。要针对当前制约农业企业信息化的关键问题，通过政策引导、营造环境、组织协调、提供服务，集中力量，重点突破，逐步实现信息化推进工作的目标。

## 二、农业电商的主要安全技术

### （一）加密技术

加密技术是电子商务采取的主要安全技术手段。采用加密技术可以满足信息保密性的安全需求。密码技术是保护信息的保密性、完整性、可用性的有力手段，它可以在一种潜在不安全的环境中保证通信及存储数据的安全。可以说，加密技术是认证技术及其他许多安全技术的基础，也是信息安全的核心技术。密码技术包括密码设计、密码分析、密钥管理、验证技术等内容。密码设计的基本思想是伪装信息，使局外人不能理解信息的真正含义，而局内人却能够理解伪装信息的本来含义。其中，密码设计的中心内容就是数据加密和解密的方法。所谓“加密”，就是使用数学的方法将原始信息（明文）重新组织与变换成只有授权用户才能解读的密码形式（密文）。“解密”就是将密文重新恢复成明文。根据不同的标准，密码体制的分类方法很多，其中常用的主要有对称密码体制（也叫作单钥密码体制、秘密密钥密码体制、对称密钥密码体制）、非对称密码体制（也叫作双钥密码体制、公开密钥密码体制、非对称密钥密码体制）等。

### （二）安全认证技术

安全认证技术是为了满足电子商务系统的安全性要求采取的一种常用的必需的安全技术。安全认证的主要作用是进行信息认证。信息认证的目的有两个：一是为了确认信息发送者的身份；二是为了验证信息的完整性，即确认信息在传送或存储过程中未被篡改过。安全认证技术主要有数字摘要、数字信封、数字签名、数字时间戳、数字证书等。数字摘要是采用单向 Hash 函数对文件中若干重要元素进行某种变换运算得到固定长度的摘要码，并在传输信息时将之加入文件一同送给接收方，接收方收到文件后，用相同的方法进行变换运算，若得到的结果与发送来的摘要码相同，则可断定文件未被篡改，反之亦然。数字信封是用加密技术来保证只有规定的特定收信人才能阅读信的内容。在日常生活中，通常通过对某一文档进行签名，保证文档的真实有效性，可以对签字方进行约束，并把文档与签名同时发送以作为日后查证的依据。在网络环境中，可以用电子数字签名作为模拟，从而为电子商务提供不可否认的服务。数字签名把 Hash 函数和公钥算法结合起来，可以在提供数据完整性的同时，也可以保证数据的真实性。数字时间戳服务是网络安全服务项目，是由专门的机构提供的对电子文件发表时间的安全保护。在交易支付过程中，参与各方必须利用认证中心签发的数字证书证明各自的身份。所谓数字证书，就是用电子手段证实一个用户的身份及用户对网络资源的访问权限。

# 第三节 农村电子商务平台的规划、建设对策及构建方案

## 一、农业电商平台与农业企业自建电商网站

涉农企业在网上销售自有产品，可以有两种途径：一是在电子商务平台

上注册会员，开设个人店铺；二是自立门户型的企业电子商务网站建设。电子商务平台就是一个为企业或个人提供网上交易洽谈的平台，通常由买卖双方以外的第三方平台服务商提供服务。企业电子商务平台是企业（通常是供应链的核心企业）建立在互联网上进行商务活动的虚拟网络空间和保障商务顺利运营的管理环境，是协调、整合信息流、资金流、物流、商流有序、关联、高效流动的重要场所。企业、商家可充分利用电子商务平台提供的网络基础设施、支付平台、安全平台、管理平台等共享资源有效地、低成本地开展自己的商业活动。企业电子商务网站主要面向供应链上各节点单位，如供应商、客户或者企业产品（服务）的消费群体，以提供某种直属于企业业务范围的服务或交易。

### 1. 第三方电商平台

（1）优势

①信用体系比较完善，信用制度和可信度都较高。

②有较完善的购物流程。

③较具规模的平台，流量较大，客户目的性较强。

④有自身的商城模板，可快速搭建网上门店。

⑤直接利用平台已有的庞大用户资源，帮助企业节省自建及维护电子商务网站的费用和长期的推广费用。

（2）劣势

①在运营上有较多的规则限制，店面样式比较单一，显现不出自身的特点。

②需要向第三方电商平台提供商缴纳一定的佣金或者保证金。

③功能方面较受限，扩展性较低，如果第三方平台没及时推出个性化功能就无法使用，或者需要额外支付费用。

### 2. 自建独立电商网站

（1）优势

①没有佣金负担。

②网站空间容量不受限制，可以任意展示更多的商品，提供更好的用户体验。

③可拓展性高，网站无论是框架还是风格内容，都由自己掌控。

④结合自身和用户的特点，可以贴合用户使用习惯和消费习惯，提供个性化服务。

⑤在销售和服务流程中，可以采用比第三方电商平台更高标准要求自己，提供更好的服务。

⑥通过自建电商网站，对企业的长期健康发展非常有益。

（2）劣势

①需要购买服务器域名和软件等基础设施。

②初期投入较高，效果需要时间积累。

③建站初期可信度低，推广难度较大。

④如果需要自建运营维护团队需要投入较大的人力物力成本。

## 二、农村电子商务平台建设对策

### （一）加强农村网络基础设施建设

#### 1. 鼓励各种社会力量参与

鼓励各种社会力量参与，构建保证信息的完整性和安全性的多层次开放的网络体系。把网络连接到种植、养殖大户、农民经纪人、农业企业和农户的家中。在农村网络基础设施建设上，应具有针对性。

#### 2. 加强农业基础信息资源系统建设

农业基础信息资源系统主要包括农业市场信息系统、农业生产信息系统、农业科研教育信息系统、农业资源环境信息系统、农业管理信息系统、农业企事业单位信息系统、农业政策法规信息系统等。要加大收集各方面的信息，以充实现有数据库的内容，为农业电子商务从业人员提供全面、丰富、准确、及时的科技、市场信息服务。

#### 3. 建立农业信息服务体系

逐步建立农业生产资料的生产、供应体系；农产品加工、销售体系；农业科研、教学、技术推广体系；农作物种子和家禽畜种的培育、繁殖、加工、销售体系及农产品质量检测、监督体系等一系列农业信息服务体系。

#### 4. 真正实现网上在线交易

农村电子商务网站要深入地、比较完善地为会员提供整套必要的交易服务，突出农产品的交易功能，实现在线查询、搜索、发布、展示、洽谈、反馈、订购招标、拍卖等商务功能，着力构建一个以信息流驱动物流和资金流的网上信息港与交易社区。

5. 移动通信运营商应更多地参与到农村信息化和电子商务建设

手机相对电脑是价格较为低廉的信息化终端，语音、短信、WAP上网已经是目前运用较为成熟的信息化手段。利用移动电子商务灵活、简单、方便的特点，简单、易于操作的界面，再辅以安全可靠的电子支付平台，将给更多的农民带来福祉，也必将对农村的信息化和电子商务建设产生极其深远的影响。

6. 利用电子商务平台推进农村电子商务发展

目前，我国已经有卓有成效的电子商务平台。农民利用这样的平台，在不用建立自己的网站的情况下就可以和外界联系，出售农产品，做电子商务。通过利用平台涉足电子商务领域，带动更多农户开展电子商务活动。

## （二）建设高效农业电子商务平台

建设农业电子商务平台，为农业产业化提供大量的多元化信息服务，为农业生产者、经营者、管理者提供及时、准确、完整的农业产业化的资源、市场、生产、政策法规、实用科技、人才、减灾防灾等信息。同时，为企业和农户提供网上交易的平台，支持多种交易模式，降低企业和农户从事电子商务的资金门槛，培育、扶持农业电子商务企业。

1. 选择适合的电子商务切入模式

应根据各地区农业经济发展的特点，采用适应本地区发展的农业电子商务切入模式。例如，经济发达地区可通过电子商务平台实现接洽、合同和货款支付的电子化交易，除物流之外，商流、信息流、资金流都在网上进行，以真正体现电子商务的优势。

2. 加强农业产业化数据库建设

应统筹规划，协调指导，加强农业产业化数据库建设，提高数据库资源的拥有量和开发利用水平。同时，应在各地区、各部门结合本地区产业化发展的实际情况建设各具特色的数据库的基础上，实现数据交换的及时通畅，共享信息资源。

3. 建立高效的、规范的信息数据库系统

信息时代，谁最先获得信息、谁最先运用信息，谁就能获得市场、获得利润。要发挥农业电子商务的巨大潜力，一定要建立一个高效的、规范的信息数据库系统，即建立一个良好、高效的收集信息、分析信息的数据库系统，从而优化自身的资源配置，降低成本，提高效率，加大市场占有率。

4. 农业电子商务平台的功能设置

当前，不少涉农电子商务平台只有静态地浏览信息，这显然是不够的，还应该具备如下功能：产品信息发布、产品信息快速查看、在线客户咨询、订单查询、在线商务谈判、在线交易支付、物流配送、客户反馈、客户服务、投资机会、产品知识、常见问题解答、全球销售网络分布、全球采购、新闻中心、产品中心、人才中心等。只有功能完备的电子商务平台才能赢得更多的商业机会。

5. 农业电子商务平台的宣传和推广

不管采取哪种方案搭建了电子商务平台，都要做好网站的宣传和推广工作，扩大访问量，赢得社会关注和认可。对此，应注意：平台设计应具有农业特色；具有较好的安全性和交互性；在各种公共媒体上发布网站信息；在互联网的相关网站上发布广告条，设置友情链接；给潜在的客户发送电子邮件，寻找可能的贸易机会；在搜索引擎中设立自己的位置，让潜在客户发现自己。

## 三、农业电子商务平台构建方案

结合农业企业的具体情况，提出几种农业电子商务平台的构建方案，并对提出的方案，从构建思想、框架结构、适应性、应具备的功能等方面进行深入的分析。

### （一）企业自有电子商务平台

1. 构建思想与框架结构

企业通过改变管理和经营模式，加大信息化基础设施建设的投入，组建企业内部网络，连通互联网，建设电子商务平台。

2. 适应性分析

适用于信息网络比较发达、信息化基础设施较好、规模较大、产品种类多、客户群较大的农业企业。

3. 应具备的功能

企业自有电子商务平台应具备相关政策和法规信息查阅、产品信息的在线发布和查询、在线商务谈判、在线交易、商品配送、售后服务、相关信息链接等功能。

## （二）依托第三方电子商务公共平台

适合于中小型农业经营单位，它们依托第三方提供的公共平台开展电子商务活动，既可以实施电子商务，又可以以较小的成本加入第三方电子商务平台，享受专业化的信息服务和增值服务，提高农业生产经营单位发展市场的机会，进而提高电子商务意识，在电子商务起始阶段少走弯路。第三方电子商务提供商应在电子贸易的框架下，利用商用Web站点的运行机制，建立真正意义上的跨行业的、开放的、服务于商务全过程的电子商务系统。第三方电子商务经过几年的探索与经营已经相对成熟，目前已被我国中小型农业经营单位普遍采用。

第三方电子商务模式最基本的功能是为企业间的网上交易提供买卖双方的信息中介服务。具体而言，应具备如下功能：首先，买卖双方只要注册并交纳一定费用成为会员后，就可以在网上发布自己的采购信息或销售信息，并根据发布信息来选取潜在的供应商或者客户；其次，提供行业信息、市场等附加信息服务，定期将客户关心的买卖信息发送给客户；再次，提供与交易配套的服务，如网上签订合同、网上支付等；最后，提供客户管理功能，即网上交易管理，包括企业的合同、交易记录、客户资料等保密信息的托管服务。

## （三）协同电子商务平台

### 1. 构建思想与框架结构

协同电子商务主要是基于B2B的模式发展而来的，它利用信息网络技术，通过集成的商务平台为企业及其合作伙伴提供商务活动集成、信息共享、协同工作等功能。它能够实现信息协同、企业内外部协同，将企业的上下游、厂商和客户集合起来，共同打造一条高效的价值链。依据协同电子商务的基本思想，农业生产经营单位可以通过联合，按照系统论和协同学的思想，构建“供、产、销”一条龙、集成现代管理技术的电子商务平台，营造一个一体化的虚拟市场。

### 2. 适应性分析

协同电子商务将有效地降低农业电子商务平台的开发成本。利用协同电子商务可使企业通过互联网，在整个供应链甚至全球网络供应链上全面拓展，并造就高度灵活、快速反应的虚拟企业，实现全球范围内对原材料的开采、加工、产品设计、生产、分销、运输、配送、零售、市场及服务等商务模型和商务运作的一体化。

3. 应具备的功能

协同电子商务平台应具备三个方面的协同功能：技术协同、应用协同、服务协同。技术协同指采用软件组件技术（中间件技术）和面向服务架构技术，使构建具有较好的集成性、可扩充性、可移植性和一致性，采取统一的数据库管理系统以保证信息资源的共享；应用协同指采用现代管理技术，使多方协调一致，营造一个巨大的虚拟市场；服务协同是指通过企业联盟将上游的供应商、中游的生产商和下游的客户紧密连接在一起，打造一个“供、产、销”服务一体化的服务链。

## （四）国际化电子商务平台

1. 构建思想与框架结构

构筑企业特色的国际化电子商务平台，以充分利用互联网带来的便利和优势，是开拓国际市场的有效手段之一，是农业企业参与国际竞争的重要方式，也是企业展示形象的有效途径。

2. 适应性分析

国际化电子商务平台适合于力图开拓国际市场、具有参与国际市场的竞争力、所生产的农产品已经获得国际质量认证的企业或企业联盟。

3. 应具备的功能

国际化电子商务平台应具备如下功能模块：产品信息发布系统、产品快速查看系统、在线客户咨询系统、国际订单查询系统、客户反馈查询系统、客户服务中心、投资机会、产品知识、常见问题解答、全球销售网络、全球采购系统、新闻中心、产品中心、人才中心等。国际化电子商务平台要达到的目标包括：国际采购客户可以直接通过该平台下订单或反馈信息、提供供求资讯；向全球发布企业的最新产品信息及发展动态，并收集最新信息供研发部门参考；实现国际贸易的网上交易、全球采购和分销等，最终实现降低业务成本、提高工作效率、提升竞争力的目标。

# 第四章 农产品电子商务

## 第一节 农产品电子商务概述

### 一、农产品电子商务

农产品与电子商务的全方位整合，为农户提供全方位服务，帮助农户以市场需求为导向合理管理资源，安排生产，及时响应市场需要。它是一种全新理念和技术的结合，将突破传统管理思想，为农业带来全新的竞争优势。

#### （一）农产品电子商务概念

农产品电子商务就是指围绕农村的农产品生产、经营而开展的一系列电子化的交易和管理活动，包括农业生产的管理、农产品的网络营销、电子支付、物流管理、客户关系管理等。它是以信息技术和网络系统为支撑，对农产品从生产地到顾客手上进行全方位、全过程的管理。

农产品电子商务服务包含网上农贸市场、特色旅游、特色经济、数字农家乐和招商引资等内容。一是网上农贸市场迅速传递农、林、渔、牧业供求信息，帮助外商出入属地市场和帮助属地农民开拓国内市场、走向国际市场，进行农产品市场行情和动态快递、商业机会撮合、产品信息发布等。二是特色旅游，依托当地旅游资源，通过宣传推介来扩大对外知名度和影响力，从而全方位介绍属地旅游线路和旅游特色产品及企业等信息，发展属地旅游经济。三是特色经济。通过宣传、介绍各个地区的特色经济、特色产业和相关的名优企业、产品等，扩大产品销售通路，加快地区特色经济、名优企业的迅猛发展。四是数字农家乐。为属地的“农家乐”（有地方风情的各种餐饮娱乐设施）提供网上展示和宣传的渠道。通过运用地理信息系统技术，制作当地“农家乐”分布情况的电子地图，同时采集“农家乐”基本信息，使其风景、饮食、娱乐等各方面的特色既方便城市百姓的出行，又让“农家乐”获得广泛的客源，实现城市与农村的互动，促进当地农民增收。五是招商引资。搭建各级政府部门招商引资平台，介绍政府规划发展的开发区、生产基地、投资环境和招商信息，更好地吸引投资者到各地区进行投资生产经营活动。

尽管农产品电子商务的发展条件日臻成熟，但是建立和完善农产品电子商务不是一朝一夕能完成的工程，因此，农产品电子商务发展的道路任重而道远，还需要社会上多方面的共同努力。

### （二）农产品电子商务的作用

1. 速度优势

基于系统整合的农业电子商务系统按整合的概念组织生产、销售、物流方式。最快速度响应客户需求，给农业带来速度优势。

2. 顾客资源优势

农业电子商务系统可通过各种方式收集客户及市场信息，为企业提供最直接、最有价值的信息资源。

3. 个性化产品优势

整合的电子商务系统可以解决个体生产难以解决的品种单一问题，实现多产品、少批量、个性化生产。其一，它会在互联网支持下形成一套快速生产、加工、运输、销售计划。其二，在信息技术支持下，农户和农业企业随时根据市场策略随时调整产品、重新组合、动态演变，适应市场变化。其三，柔性管理可实行职能重新组合，让每个农户或团队都获得独处理问题的能力，通过整合各类专业人员的智慧，获得团队最优决策技术、组织、管理的结合，使个性化农业生产成为现实。

4. 成本优势

整合的电子商务系统解决了产品个性化生产和成本是一对负相关目标这一矛盾。低生产成本、零库存和零交易成本，使农户在获得多样化产品的同时，获得了低廉的成本优势。

综上所述，农业发展需要一套集企业管理思想和各种信息系统于一体的，投资少、实用的电子商务系统农户甚至不用自己拥有网络设施和管理系统，只要在乡镇政府中心机房就可以实现农户个体管理企业化、电子商务化。

### （三）发展农产品电子商务的重要意义

农产品电子商务不断地发展能够持续改进我国农产品领域的流通现状，加快农产品贸易的发展。

1. 有利于减少农产品流通中介环节，缩短农产品流通链

随着电子商务的出现，通过电子商务平台，生产者能直接和消费者进行交流，迅速了解市场信息，自主地进行交易，大大加强其信息获取能力、产品自销能力和风险抵抗能力，降低了对传统中介的依赖性。通过电子商务，选择和保留附加值高的流通环节，合并或去除附加值低的渠道。例如，在农产品流通领域中，批发市场因规模大，商品集散、价格形成及供需调销功能强，附加值较大。而产销地的中间商规模较小，信息传递、产品集散、价格调节功能较弱，附加值较小，因此，可以以传统的农产品批发市场为现实载体，去除中间商环节，构建“生产者农户—农村销售合作组织—商务电子批发市场—（网上）零售商—消费者”新型的电子商务流通链，减少农产品流通环节，加速商品和信息的流动。

2. 有利于降低农产品的流通成本

电子商务不仅降低了农产品流通的运输保鲜成本和时间成本，而且节约了交易中介的运营费用及其抽取的利润。另外，通过电子商务平台，生产者能直接、迅速、准确地了解市场需求，生产出适销、适量的农产品。

3. 有利于健全农产品市场机制和功能

（1）有利于健全市场价格机制

市场分割、信息不对称、缺乏充分竞争的市场环境是农产品价格不稳

定的主导因素。通过电子商务网络平台，各地的农产品批发市场能相互连通，形成全国性的农产品流通大市场。另外，农产品虚拟市场可以容纳大量的交易者，实现交易的集约化和市场的规模化。再者，电子商务的自动化也可以大大减少人工成本和人为干预，不仅使交易的边际成本接近零，而且让每个交易者都享有平等的信息获取和交易机会，保证市场高度的透明性和公平性。因此，电子商务可以构建规模大、信息流畅、透明度高、竞争充分的全国农产品统一市场，建立反应灵敏、健全有效的公平价格形成机制。

（2）有利于改进市场交易方式

高成本、低效率的对手交易已经难以适应农产品流通发展的要求，市场呼唤更加先进、高效的交易方式，如拍卖交易方式。拍卖交易是指在公开的场合对农产品的所有权进行竞价转让的交易方式，具有价格信号灵敏、交易规模化、市场透明度高、中介环节少、竞争充分等特点。电子商务的自动化和扩展性为传统的拍卖交易提供了新的发展空间。通过电子商务拍卖平台，大量分布广泛的交易者可以进行网上零距离的沟通和交易，构成充分竞争的市场环境。另外，虚拟拍卖市场能提供拍卖申请、招标竞价、电子支付、配送服务等一条龙的自动化服务，既提高了交易效率，又减少了人为因素的干扰，保证了市场的公开、公正、公平。

（3）有利于完善市场的信息服务功能

我国已建立和开发了许多农业信息服务系统，主要从各农产品市场中获取最新的信息，进行筛选、加工、处理。它们可作为服务后台，提供原始的或经过分析处理的有用信息。电子商务网站作为信息发布前台，将各类信息进行整合、发布，并与其他农产品市场进行信息联网，使用户能从同一平台上获得即时、全面、有价值的信息。另外，电子商务网站还能提供各类信息增值服务，如信息的搜索、查询，同类产品销量、价格的汇总、比较等，帮助用户降低信息搜寻成本，提高信息利用率，满足用户的多样化需求。

（4）有利于打造农产品品牌

产品的营销在一定程度上可以理解为品牌的营销，只有具备竞争力的品牌才有可能为产品打开市场。互联网在品牌的呈现力、品牌的传播范围、品牌广告制作成本上都有着巨大的优势，在电子商务平台的基础上，农产品品牌更容易推广到其他地区，在短时间内能建立起品牌的声誉。

## 二、国内农产品电子商务主要模式

### （一）农产品电子商务按照平台属性分类

1.“平台＋自营”模式

电商平台从供货商处采购农产品，进行统一的品控、仓储、营销和物流配送，并用产业链中后端资源整合优化前端。该模式既可以充分发挥大型电商平台流量大、产品全的优势，又以电商平台自身声誉和品牌影响使消费者对农产品质量形成良好预期，所以农产品供应保障程度高。

2.“平台＋商家店铺”模式

农产品生产者或供应商在大型电商平台开设网站，并负责农产品的货源、品控、仓储和营销，物流配送多选择第三方快递公司。该模式相对较低的进入门槛，有利于各地农产品快速迈入电商时代，农产品交易规模和品类也因此高居现有模式之首。但是，该模式下农产品供应和物流均由商家负责，电商平台对商家监管难度大。

3.“平台＋品牌营销驱动”模式

企业以自有的品牌影响力和营销能力为基础，向前整合生产加工资源，确保农产品供应，向后响应消费者需求，借助电商平台开展农产品网上销售。

4. 全产业链运营模式

农产品生产加工企业自建电商平台，并负责农产品的生产、加工、品控、仓储、营销和物流配送。该模式资产最重，企业除了要自建电商平台外，还要建立生产加工基地和物流体系，导致企业要承担全产业链各环节的成本和风险。

5. 电商扶贫模式

由政府部门提供生产端的政策扶持，电商平台联合村委会或合作社，以“订单农业＋保护价”方式销售贫困户农产品，电商平台或者合作商承担农产品的生产管理、收购、品控、仓储、营销和物流配送。

这五种平台电商运营模式各有优缺点，如表 4-1 所示。

表 4-1 国内各类电商发展模式比较

<table>
<tr><th colspan="2">模式</th><th>主要特征</th></tr>
<tr><td colspan="2">平台 + 自营</td><td>优点：农产品供应数量和品质保障程度高，弥补了我国农产品电商发展的短板，且整体运营效率高<br>缺点：重资产，扩张受限，短期很难盈利，资金压力大</td></tr>
<tr><td rowspan="2">平台 + 商家店铺</td><td>地方特产馆（当地政府委托第三方运营，其为农产品质量品牌提供相应的保证）</td><td rowspan="2">优点：开发程度高，有利于地方农产品快速迈入电商时代，交易规模最大、品种最全<br>缺点：监管难度大</td></tr>
<tr><td>地方产地仓（整合了公共检测平台、区域品牌等政府资源）</td></tr>
<tr><td colspan="2">平台 + 品牌营销驱动</td><td>优点：产品定制化，营销效率高，购物体验较好<br>缺点：对上下游供应商的监管难以完全到位</td></tr>
<tr><td colspan="2">全产业链运营</td><td>优点：产业链整合能力最强，产品供应和品质保障程度最高<br>缺点：重资产运作，同时承担全产业链各环节的成本和风险</td></tr>
<tr><td colspan="2">电商扶贫</td><td>优点：整合政府、企业、合作社、农户等多方力量，公益性最强、政府作用大<br>缺点：电商企业承担了过多社会责任，政府支持和项目盈利前景均缺乏可持续性</td></tr>
</table>

## （二）农产品电子商务按运营模式分类

1. B2C 模式

B2C 模式为当前农产品电商的主流模式，按平台属性不同又被分为泛电商平台、垂直农产品电商平台。其运营框架如图 4-1 所示。

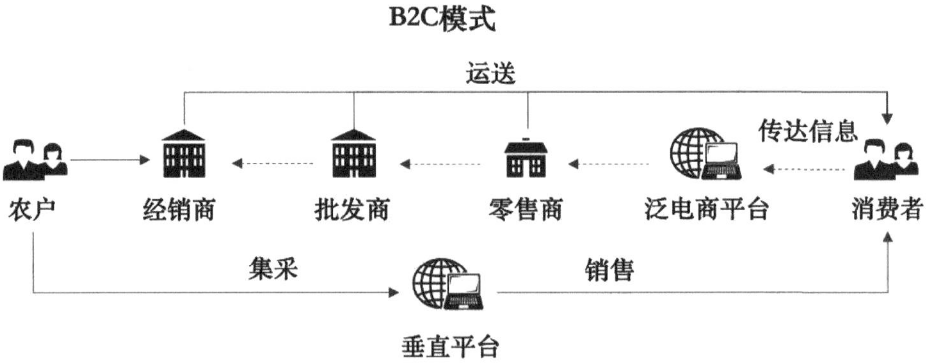


图 4-1 B2C 模式

泛电商平台为农产品经销商、批发商、零售商提供销售渠道。

垂直农产品电商平台。通过直接集采，将农产品货物售卖给消费者。

2. B2B 模式

B2B 农产品电商模式的客户一般为中小经销商或零售商。商家从批发市场或农户集采后，再分别销售给经销商、批发商或零售商。其运营框架如图 4-2 所示。

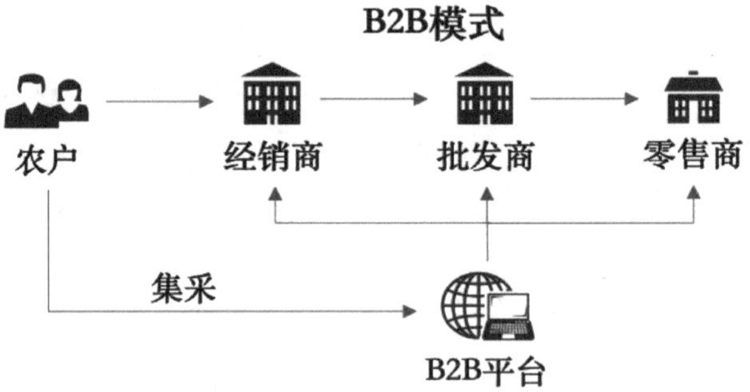


图 4-2 B2B 模式

3. 农场直供模式

农场直供模式一般为农户或工厂直接将农产品通过平台卖给客户，客户可以以最透明的价格买到货物。其运营框架如图 4-3 所示。

图 4-3　农场直供模式

4. 消费者定制模式

消费者定制模式即农户根据消费者、自营平台或工厂的需求进行农产品的生产，通过直发的方式配送给客户。其运营框架如图 4-4 所示。

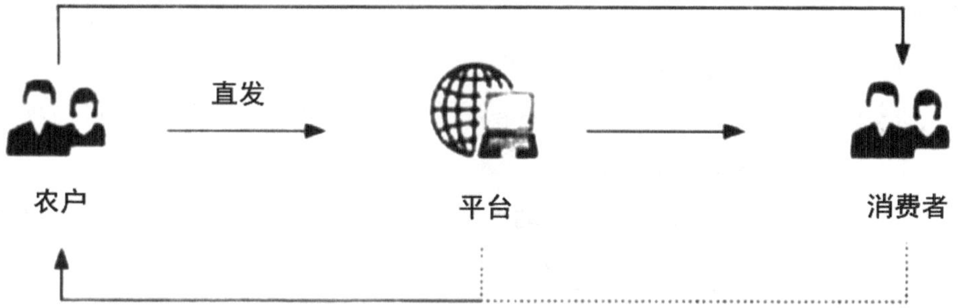


图 4-4　消费者定制模式

## 三、农产品电子商务发展的必然性

电子商务在城市的快速发展和不断深耕，使电子商务的市场份额和交易规模在不断壮大的同时，发展速度也进入瓶颈。随着农村市场环境的不断变好，电子商务开始转向农村，且发展基础非常充分。

### （一）数字乡村建设催生数字农产品电商

1. 加快乡村信息基础设施建设

加快乡村信息基础设施建设，大幅提升乡村网络设施水平，完善信息终端和服务供给，加快乡村基础设施数字化转型。

2. 发展农村数字经济

发展农村数字经济，夯实数字农业基础，推进农业数字化转型，创新农村流通服务体系，积极发展乡村新业态。

3. 强化农业农村科技创新供给

强化农业农村科技创新供给，推动农业装备智能化，优化农业科技信息服务。

4. 建设智慧绿色乡村

建设智慧绿色乡村，推广农业绿色生产方式，提升乡村生态保护信息化水平，倡导乡村绿色生活方式。

5. 繁荣发展乡村网络文化

繁荣发展乡村网络文化，加强农村网络文化阵地建设，加强乡村网络文化引导。

6. 推进乡村治理能力现代化

推进乡村治理能力现代化，推动“互联网 + 党建”，提高乡村治理能力。

7. 深化信息惠民服务

深化信息惠民服务，深入推动乡村教育信息化，完善民生保障信息服务。

8. 激发乡村振兴内生动力

激发乡村振兴内生动力，支持新型农业经营主体和服务主体发展，大力培育新型职业农民，激活农村要素资源。

9. 推动网络扶贫向纵深发展

推动网络扶贫向纵深发展，巩固和提升网络扶贫成效。

10. 加强信息资源整合共享与利用

统筹推动城乡信息化融合发展，统筹发展数字乡村与智慧城市分类，推进数字乡村建设，加强信息资源整合共享与利用。

### （二）基础建设进展巨大

我国进入高铁、高速公路网时代，高铁、高速、民航连接的县、乡（镇）、村越来越多，物流、快递物流、冷链物流、应急物流设施及技术迅速发展。全国各地出现许多亿元级投资的冷链设施，通信基础建设成果大，农村信息化水平大幅提升。

从 2014 年开始，国家的政策大力度倾向县域和农村电商市场，政策力度很大，方向非常明确。2015 年开始，国家加快农村电商发展，分别就扩大电商在农业农村中的应用、改造农村电商发展环境、营造良好网络消费环境、加大农村电商政策扶持等出台了具体措施，全力扶持农村电商人才、服务、物流的发展。

### （三）农村建设及特色农业的发展

近年来，农村建设促使乡村面貌发生了极大改变，为电商下乡提供了较好环境。现代农业、特色农业与农产品生产大发展为电商提供了流通客体，几乎所有农村电商先进县无一不是农副土特产及深加工产品著名县。

# 第二节 农产品电子商务经营模式分析

## 一、农产品电子商务 B2B 模式分析

农产品电子商务 B2B 模式，即农产品商家到农产品商家的模式。这种模式一般是商家到农户或一级批发市场去进行集中采购农产品，之后再分配给一些中小型的农产品商家。这类模式的优点主要是为中小农产品批发商或零售商提供便利，节省其采购和运输成本。

### （一）农产品电子商务 B2B 模式的分类

根据我国电子商务所处的行业的不同，目前我国的电子商务的模式主要分为垂直 B2B 电子商务和水平 B2B 电子商务两种模式

1. 垂直 B2B 电子商务

垂直 B2B 电子商务主要面向的是一些制造业为主的实体企业，所交易的产品既可以是一种产业链的形式，也可以是行业中所有相关产品、互补产品或服务产业链。主要分为两个方向：上游和下游。垂直网站将特定产业的上、下游厂商聚集在一起，让各阶层的厂商都能很容易地找到原料供应商或买主。这些网站定位于一个特定的专业领域内，生产商或商业零售商可以与上游的供货商之间形成供货关系。在国内有不少垂直型的农产品 B2B 网站，垂直网站吸引的是针对性较强的客户。这批针对性较强的客户是这些网站最有价值的财富，是真正的潜在商家。这种市场一旦形成，就具有极大的竞争优势，所以垂直网站更有聚集性、定向性。

2. 水平 B2B 电子商务

水平 B2B 电子商务面向所有行业，是一种综合式的 B2B 电子商务模式。水平 B2B 电子商务可以将各个行业中相近的交易过程集中到同一个场所，为买卖双方共同创建一个信息沟通和交易的平台，让买卖双方能够分享信息、发布广告、竞拍投标，同时也可以为他们创造交易机会。水平 B2B 电子商务网站并不一定是拥有产品的企业，也不一定是经营商品的商家，它仅仅是为买卖双方提供一个交易的平台，这类网站追求的是“全”。

## （二）农产品电子商务 B2B 模式的交易流程

B2B 电子商务的交易流程可简单分为以下几步：

1. 交易前

在进行交易前准备阶段，首先，买方首先需要知道自己想购买哪一类产品，估算购买货款，并制订相应的购买计划；其次，搜寻相关信息，寻找到合适的卖家后，买卖双方，就可以商讨交易事项，如买方向卖方询价，卖方再向买方报价，并说明商品的具体信息，落实商品的种类、数量、价格、交易方式等。买卖双方在进行交易之前都需要尽可能详细地了解对方的情况，如对方的信用状况、财务状况、送货情况等。如果进行的是国际贸易，还要注意了解对方国家的贸易政治、经济政策等。为了促使交易达成，买卖双方都应该尽可能地透露自己的信息。

2. 交易中

买卖双方就交易达成一致后，就可以拟定相关协议并签订合同，明确双方各自的权利义务和商品的种类、数量、价格、交货时间、交货地点、交货方式、违约条款等。然后，双方还需要到银行、保险运输公司、税务等部门办理预付款、投保、托运、纳税等相关手续。

3. 交易后

这个环节的核心任务是商品的运输与收货、验货卖方应按照合同约定的时间，及时地订货、发货，并告知对方发货时间及运输信息。买方在收到卖方发来的货物后，也必须按照约定检验并接收货物。如果交接活动正常进行，买卖双方将在完成发货和接货后进行款项的结算，至此整个交易过程结束。如果中途出现违约情况，双方将根据合同约定进行索赔和赔付。

### （三）农产品电子商务 B2B 模式的盈利模式

农产品电子商务 B2B 网站盈利模式有以下几种：

1. 收取会员费

企业通过 B2B 电子商务网站参与电子商务交易之前，需要在交易网站进行注册会员，而会员一般每年都要交纳一定的会员费，才能享受网站提供的各项服务。当前，会员费已经成为我国 B2B 电子商务网站最重要的收入来源之一。

2. 收取广告费

网络广告是门户网站的盈利模式，也是 B2B 电子商务网站的主要收入来源之一。例如人们在登录 B2B 电子商务网站时会有弹出广告、漂浮广告、文字广告等形式的广告供用户选择。

3. 收取竞价排名费

竞价排名也是最近几年广泛应用的推广模式。企业为了促进产品的销售，都希望在 B2B 电子商务网站的信息搜索中排名靠前。为了满足企业的这种需求，一些 B2B 电子商务网站推出了竞价排名的服务方法，在确保信息准确的基础上，根据会员交费的不同对其排名顺序进行相应调整。

除了前一种常规的盈利模式外，信息化技术服务费、代理产品销售费、交易佣金费、展览或活动费等也逐步成为 B2B 电子商务网站的收费渠道。这些大部分为增值服务，能为网站拓展更多的收益来源，从而达到网站和会员双赢的效果。

## 二、农产品电子商务 B2C 模式分析

农产品 B2C 电子商务模式是指农产品经纪人、批发商、零售商通过网上平台销售农产品给消费者，或专业的垂直电商直接到农户采购，然后卖给消费者的行为。

### （一）农产品电子商务 B2C 模式的分类

1. 根据经营形式的不同分类

根据农产品电子商务经营形式的不同，农产品电子商务 B2C 模式大致可分为两类：一类是纯 B2C 模式，这种模式的企业本身并不种植、饲养任何产品，所售卖的产品均来自其他品牌商和农场；另一类是“自有农场 +B2C”模式。

这类农产品电子商务模式的企业自身会在某地区承包农场，企业亲自种植瓜果蔬菜，饲养鸡鸭牛羊等，再通过自己的B2C网站直接销售给消费者，因此其所售卖的产品中主要是自己的产品。一般这类网站为了丰富产品，也会整合少量其他农场或品牌商的产品。

2. 根据面向行业范围不同分类

根据农产品电子商务面向行业范围不同分类，农产品电子商务B2C模式可分为两种：一种是综合型的B2C模式，这种模式所销售的产品一般种类繁多，涉及多种行业；另一种是垂直型的B2C模式，这种模式主要专注于销售农产品。

### （二）农产品电子商务B2C模式的交易流程

农产品B2C电子商务交易中的参与方主要有消费者、商户（企业）、银行、认证中心等。下面简要介绍B2C模式的交易流程：

1. 注册

消费者在购买产品之前一般需要在购物网站上进行会员注册，这样消费者就可以在平台中查看自己购买的产品的物流信息、售后等相关问题。

2. 浏览搜索商品

消费者在登录商户网站后，可以在搜索栏搜索自己所要购买的产品，也可以在网站中浏览自己所需的商品。

3. 选定商品并提交订单

当消费者选定自己想要的商品时，就可以点击“购买”，也可以把商品放入“购物车”。在“购物车”中，消费者可以查看商品的名称、价格数量、金额总计、优惠券使用情况，也可以在购物过程中调整商品的数量，取消某些商品，甚至清空“购物车”，重新选择商品。

4. 确认订单信息

消费者选定购物车中的产品后，就可以点击“结算”，进入确认订单信息环节。在这一环节，消费者主要确认收货人信息、配送方式、付款方式、商品清单，以及确认是否需要发票或使用礼品卡、礼券。为了保证商品配送顺利进行，消费者需要认真核对收货人信息栏中的收货人姓名、地址、联系电话等。信息网站的送货方式主要有三种：普通快递送货上门、加急快递送货上门和特快专递。

在线支付和货到付款是消费者最常用的两种支付方式。如果消费者选择了“在线支付”，需要先开通网上银行或绑定银行卡，或者选择第三方支付平台进行支付。

5. 提交订单，完成支付

当订单信息确认无误后，点击“提交订单”，网站将自动生成订单号。如果消费者选择的是网上支付方式，则需要继续进行网上支付操作。

6. 商户送货

商户在收到消费者订单后，需要按照消费者付款的时间顺序及时安排发货，并根据消费者提交的送货信息合理安排配送时间和配送方式。为了提升消费者的购物体验，一些购物平台会要求商家在 3 ~ 7 天完成发货。在此时间段，消费者可以申请退款，撤销订单的请求。消费者也可以通过提交订单后生成的订单号在网站上实时查询订单现状，了解送货进度。另外，如果消费者对此次购买不满意，还可以修改订单，甚至取消订单。

### （三）农产品电子商务 B2C 模式的盈利模式

农产品电子商务 B2C 模式的盈利模式可以归纳为以下几种：

1. 收取服务费

B2C 网站一般会向商家收取一定的服务费。B2C 网上商店通过引入联营商的概念，不仅加速 B2C 电子商务模式的发展，而且为网上商店增加了新的利润点。品牌商入驻各大 B2C 网上商店也需要支付一定费用，目前我国各大 B2C 网上商店收费标准各不相同。

2. 实行会员制

会员制按不同的服务范围收取，一般有两种方式：按照时间（按年、季、月）收取固定的会员费和根据实际销售规模按比例收取会员费。一方面，B2C 电子取货平台可以向入驻平台的卖家收取会员费用，进行店铺管理。另一方面，B2C 电子商务平台通过向消费者销售 VIP 会员服务获取利润。当然，消费者成为该网站的 VIP 会员后，可以以较低折扣购买该网站的商品。

3. 扩大销售量

扩大销售量是 B2C 网上商店盈利最直接的方式。为了扩大销售量、提升企业的知名度，B2C 网上商店有时会采用低价策略。有些网站会在其首页最醒目处设置特价专区，每天限时推出特价商品，以吸引消费者。在降低价格的同时，也扩大了销售量，获得了丰厚的利润。

## 三、农产品电子商务 C2C 模式分析

C2C 是指个人与个人之间的电子商务。C2C 服务提供商构建网络交易中介平台，通过宣传发展会员，农户卖家在此平台上注册会员、开设店铺，买家通过浏览网站寻找自己想要的农产品，双方通过网站提供的交流工具进行协商，达成一致则买家打款给网站提供的第三方支付平台，卖家发货，买家收到货物并检查无误后放款给卖家。

### （一）收取产品展示费

如果卖家想在 C2C 交易平台上展示其商品，那么就需要向该交易平台支付一定的费用。为了增加消费者的购物体验，吸引消费者的眼球，卖家还需要购买一些设计版面、图片等装饰网店。

### （二）收取交易服务费

卖家入驻 C2C 交易网站后，在该平台上成功销售出去的订单，后台会按照交易的金额收取一定比例的服务费。

### （三）收取广告费

C2C 交易平台拥有大量用户。卖家想要获得更多的曝光率，让更多的消费者浏览到自己的商品，C2C 交易平台可以在其页面的显著位置为卖家刊登广告，帮助卖家销售商，但卖家需要缴纳一定的广告费用，并且根据刊登广告的位置不同，所缴费用也不同，因此，网站首页的广告铺位和展位都具有很高的商业价值。

### （四）收取增值服务费

C2C 电子商务网站不只是为交易双方提供一个平台，更多的是为双方提供交易服务，尽量满足用户的各种需求。例如，C2C 电子商务网站的商品众多，买家想要找到合适的商品并不容易，网站可以推出搜索服务提高效率，卖家也可以通过购买关键字提高自己的商品在搜索结果中的排名，进而达成更多的交易。此外，卖家还可以通过付费享受店铺设计、店铺推广等多项服务。

## 四、农产品电子商务其他模式分析

### （一）农产品电子商务O2O模式

#### 1. 农产品电子商务O2O模式的概念

O2O电子商务即Online线上网店到Offline线下消费，商家通过免费开网店将商家信息、商品信息等展现给消费者，消费者在线上进行筛选服务并支付，线下进行消费体验，这样既能极大地满足消费者个性化的需求，也能节省消费者的费用。商家通过网店把信息传播得更快、更远、更广，可以瞬间聚集强大的消费能力。该模式的主要特点是商家和消费者都通过O2O电子商务满足双方的需要。

#### 2. 农产品电子商务O2O模式的优劣势

该模式的优势在于，送货上门十分方便，并且速度很快，能够保证农产品的新鲜度，减少损耗率。这种模式充分利用了手机应用程序，生鲜电商通过手机应用程序客户端收到订单信息后，根据消费者定位，依靠门店资源进行短时间的快递上门服务。此外，在支付环节上，O2O模式也可以选择线下货到付款的方式，这样对消费者来说更有保障。缺点在于，对于这种O2O模式的农产品电商来说，前期推广较困难，尤其是在规模扩大上，需要更多的成本，扩张速度也会相当缓慢。此外，这种模式还受地域限制，后期扩张较慢。

### （二）农产品电子商务F2C模式

#### 1. 农产品电子商务F2C模式的内涵

F2C称为农场直供模式，即农场到消费者模式，通过网络平台将农产品从原产地直接卖给消费。这种直销模式中间少了销售商，可以把农产品的价格降低，还可以让消费者对购买的农产品的质量更加放心。农产品电子商务F2C模式，可以有效提高农场主和农民的收入，也可以让消费者以更加优惠的价格获取更高品质的农产品。

#### 2. 农产品电子商务F2C模式的优劣势

F2C模式最大的优势就是以强有力的线下，产业支撑、有效地全程把控、快速的市场反应，快速建立消费者的信任感。当然，该模式也有缺点，即这种模式一般会受场地和非标准化生产的影响，市场空间有限。

### （三）农产品电子商务 C2B/C2F 模式

#### 1. 农产品电子商务 C2B/C2F 模式的内涵

C2B/C2F 模式，即消费者定制模式。这种模式是根据消费者的需求进行农产品种植，然后分配到消费者手中。这种模式的运作流程分为四步：第一步，农户要形成规模化种植及饲养；第二步，农户要通过网络平台发布产品的供应信息招募会员；第三步，会员通过网上的会员系统提前预订需要的产品；第四步，待产品生产出来后，农户按照预订需求配送给会员。

#### 2. 农产品电子商务 C2B/C2F 模式的优劣势

C2B/C2F 模式是农产品电商市场的理想模式之一，可充分发挥“顾客至上”的优势，提升消费者的购物体验，让消费者体验“私人定制”服务。商家也可以定制化生产，满足消费者的需求，形成口碑效应，降低商家的经营成本和风险。该模式的缺点在于，受场地和非标准化生产的影响较大。

# 第五章 农产品质量安全管理

## 第一节 农产品质量安全追溯体系

### 一、农产品质量安全追溯相关标准

20 世纪 90 年代，我国的农业和农村经济全面迈入了新的发展阶段，主要的农产品供给实现了供求基本平衡，丰年有余。随着人民生活水平的不断提高，人们对于农产品的需求由单纯地追求数量上的满足发展为重视数量与质量甚至更重视质量的转变。农产品国际贸易步入快速发展时期，市场的竞争也变得日益激烈。人类分工变得日益精细，与食品相关联的环节越来越多，但根本上来说，农产品始终是保障食品安全的源头和基础。如果农产品质量安全得不到保障，食品的质量安全也不可能从真正意义上得到保障，所以农产品的质量安全已经逐步成为社会各界广泛关注的热点问题。

建立农产品质量安全追溯体系，完善农产品质量安全信息的管理，可以有效地控制产品质量安全，为自身和社会创造更大的经济效益。同时也能够为相关管理部门提供有效的监控手段，宏观地掌握有机农产品的质量安全状况，从而为有关部门制定决策提供科学的依据。建立农产品质量安全追溯体系，可以通过对安全信息全过程监督，保证农产品质量安全。通过农产品信息的共享，可以强化农产品质量安全管理的手段和市场秩序，提高行业宏观调控和监督力度，增强农产品消费信息的透明度，提高消费者质量安全意识和认知度。

农产品质量安全的核心要素是生产档案记录和包装标识的健全完善。只有在法律层面上对生产经营主体进行明确要求，才有利于推进农产品质量的追溯管理。农产品可追溯制度由农业生产环节可追溯制度、包装加工环节可追溯制度和运输销售过程可追溯制度三类组成。这三类可追溯制度形成了一个完整的链条，在任何一个生产环节出现的问题，都可以准确地追溯到上一个环节。

## 二、农产品质量分级标准

农产品质量分级标准作为提高和稳定农产品质量、实现农产品优质优价、促进农产品国际贸易、满足消费者不同产品需要的技术基础，是根据农产品的质量要求和特征，将相同用途及消费人群但不同质量的农产品进行分等和定级的规范性技术文件。

我国农产品质量分级标准的目的是在农产品的市场、流通和消费各个环节进行农产品质量安全控制。分级标准在生产环节具有引导和规范农产品生产，提高农产品质量的作用；在消费环节和流通环节具有农产品质量监督、清除劣质农产品和保护消费者利益的作用；还具有规范市场秩序、实现农产品优质优价、降低交易成本的作用。但是对于不同的产品，我国的农产品质量分级标准在满足以上分级目的的过程中是有所侧重的。对于可以由生产者和企业直接供应市场、面向消费者的农产品，如水果和蔬菜等，制定分级标准的目的是引导和规范农产品生产，提高农产品质量。对于经过加工或通过流通企业才能供应市场的农产品，如棉、麻、蚕茧等，制定分级标准的目的是规范市场秩序，实现我国农产品优质优价，降低交易成本。对于通过由政府参与定价或政策保护的农产品，如粮食，制定分级标准的目的是稳定产品质量。

## 三、农产品质量安全追溯应用标准

基于二维码的农产品编码标准和基于射频识别的农产品质量安全追溯应用标准。计算机和计算机技术在世界各国的农业中被广泛应用。随着农产品安全成为全球备受瞩目的问题，人们利用计算机技术结合数据库管理技术对农产品安全问题中的相关信息进行存储和管理，使得解决农产品安全问题的效率和准确性有了很大的提高。

利用二维码射频识别的优势特性达到对食品的安全与追溯的管理，具有以下的特点：①相比记录档案追溯方式具有高效、实时、便捷的优点。②在食品供应链中提供完全透明的管理能力，保障食品安全全程可视化控制、监控与追溯，并可对问题食品进行召回。③可以全面监控种植养殖源头污染、生产加工过程中的添加剂与有害物质、流通环节中的安全隐患。④可以对有可能出现的食品安全隐患进行有效评估和科学预警提供依据。⑤数据能够通过网络实现实时、准确报送，便于快速高效地做更深层次的分析研究。⑥通过网络，消费者可查询所购买食品的完整追踪信息。

### （一）基于二维码的农产品编码标准

现有很多研究以各企业生产数据为基础，以条形码为载体，利用数据库技术、网络技术、预警技术和条形码技术构建统一的追溯平台，实现对企业的安全生产管理和为消费者提供追溯服务。二维码是指在一维条形码的基础上扩展出另一维具有可读性的条形码，使用黑白矩形图案标识二进制数据，被设备扫描后，可获取其中包含的信息。

随着二维码技术在追溯领域的应用越来越多，结合二维码自身的特点，应该制订相应的编码与标识规范，有助于二维码技术在农产品追溯领域的规范化应用。

### （二）基于射频识别的农产品质量安全追溯应用标准

射频识别技术是一种通信技术，可通过无线电信号识别特定目标病毒与相关数据，而无须在识别系统与特定目标之间进行机械或光学接触。该技术具有能够在恶劣的环境中使用，耐污损，重复循环使用，内容可更新，能够批量读取多个标签，信息量大等优点。射频识别技术与计算机技术、通信技术、光电技术和信息技术相结合，其迅速、准确地获取、传输和反馈信息的特点在食品质量安全管理中显示出独特的作用。射频识别技术是食品链物流与信息流之间联系的纽带，其现场控制和后台控制技术可以极大地提高追溯系统的可靠性，因此，射频识别技术在肉类的追溯过程中得到了很好的应用。基于射频识别技术，对农产品生产包装环节、仓储环节、物流环节等制定互联网应用标准、操作规范和监管机制，可以提升产品信息查询与质量追溯整体技术水平，在农产品管理领域具有广泛的应用前景。

## 三、农产品质量安全认证

### （一）认证认可制度

1. 认证的概念和分类

（1）认证

"认证"的定义是："由可以充分信任的第三方证实某一经鉴定的产品或服务符合特定标准或规范性文件的活动。"也有文件对认证的定义是："认证机构证明产品、服务、管理体系符合相关技术规范及其强制性要求或者标准的合格评定活动。"合格评定是指对产品、工艺或服务满足规定要求的程度所进行的系统检查和确认活动。认证机构可以是政府职能部门机构，也可以是民间机构、组织。

按认证的对象，认证可分为产品认证、服务认证和管理体系认证三种类型。

①产品认证。产品认证针对的是产品生产的保证能力及产品符合标准、法规情况的评价。产品认证按认证的性质可分为强制性产品认证和自愿性产品认证。强制性产品认证是为了保护国家安全、防止欺诈行为、保护人体健康或者安全、保护动植物生命或者健康、保护环境等目的而设立的市场准入制度，实施强制性产品认证的产品必须经过国家认监委指定认证机构的认证，并标注认证标志以后，才能出厂、销售、进口或者在其他经营活动中使用。自愿性产品认证是为满足市场经济活动有关方面的需求，委托人自愿委托第三方认证机构开展的合格评定活动，范围比较宽泛。

②服务认证。服务认证不同于服务业的体系认证，服务是一种无形的特殊产品，服务认证是认证机构按照一定程序规则证明服务符合相关的服务质量标准要求的合格评定活动。

③管理体系认证。管理体系认证就是针对管理体系建立实施和保持情况的符合性评价，是以各种管理体系标准为依据开展的认证活动。

（2）质量认证

质量认证是指依据产品标准和相应技术要求，经认证机构确认并通过颁发认证证书和认证标志来证明某一产品或质量体系符合相应标准和相应技术要求的活动，因此，质量认证也分为产品质量认证和质量体系认证。产品质量认证的对象是特定产品（服务），认证的依据是产品（服务）质量要符合指定的标准和技术规范要求，获准后颁发产品认证证书和认证标志，其认证标志可用于获准认证的产品上。质量体系认证的依据是质量体系要满足指定质量管理体系要求，获准后颁发具有认证标记的质量体系认证证书，但证书和标记都不能在产品上使用。

产品质量认证包括合格认证和安全认证两种。依据标准中的性能要求进行认证叫作合格认证；依据标准和法律、行政法规或规章的安全要求进行认证叫作安全认证。安全认证在我国实行强制性监督管理。实行强制性监督管理的认证是指法律、行政法规或规章规定强制执行的认证。凡属强制性认证范围的产品，一般都涉及广大人民群众和用户的生命财产安全，其生产企业必须取得认证资格，并在出厂合格的产品上或其包装上使用认证机构发放的特定的认证标志，否则不准生产、销售、进口和使用。

2. 认证认可制度的发展

随着市场经济的成熟与标准化水平的提高，现代认证已经发展成为市场经济体制的一个有机组成部分、一个复杂的技术经济体系，认证本身已经形成一个新的产业。在国际贸易日益发展的今天，认证已经成为商品进入工业化国家市场的一个主要的技术要求，日益受到各国政府和工商界的高度重视并获得迅猛的发展。

（1）认证认可工作向规范化方向发展。随着区域性认证制度的建立，区域性认证认可法规也逐渐建立起来，特别是欧盟，从立法形式、合格评定模式、认证认可类型、组织形式、监督管理等方面建立了一套完整的法律、法规体系。国际认证制度和国际互认的要求，促进了国际规范的形成。

（2）认证认可向国际化方向发展。随着世界经济一体化进程加快，商品跨区域自由流动成为发展趋势，为适应投资便利化和贸易自由化的需求，合格评定“一站式”服务成为企业界的呼声，即一次合格评定活动，在世界范围内被普遍接受。为此，认证认可方面的国际组织、区域性合作组织做了大量努力，他们制定了国际通用的标准和指南，推动了国际互认的发展。

### （二）我国的认证认可体系

我国的认证工作始于20世纪70年代末80年代初。首先从电工产品和电子元器件产品认证开始，逐渐扩大到其他产品和领域。多年来，认证认可在促进国家经济建设和社会发展，构建和谐社会等方面发挥着越来越重要的作用，已经成为政府管理经济社会、企业提高管理服务水平的重要手段。

# 第二节　农产品质量安全市场监管

## 一、农产品质量安全市场监管概述

农产品质量安全的市场监管是保证消费者权益和身体健康的重要环节，加强监管有助于农产品市场有序健康地发展。近年来，我国在农产品质量安全市场监管体系方面的不断完善，以及互联网技术的广泛应用，使监管效率得到了提高。农产品质量安全监管信息化水平的提高，有力地推动了农产品质量安全监测、农业投入品监管和农产品质量安全的专项整治等各项工作，促进了农产品质量安全水平的稳步提高。

对农产品质量安全市场的监管，有政府、农产品相关企业、消费者维权组织、普通消费者四个利益主体。从各个利益主体的监管力度来看，政府对农产品质量安全的监管是最为直接和有力的，可以影响农产品质量安全的状况。

## 二、农产品质量安全监测

### （一）农产品质量安全监测的重要性

在实施“从农田到餐桌”的农产品安全全程监管体系中，第一个环节就是对种植养殖环节的监测。只有做好了第一步，才可以实现从源头保证农产品的质量安全。

农产品质量安全的监测是保障农业产业安全、农产品质量安全及政府履行公共管理职能的重要组成部分，也是实现农产品从产地环境、投入品种、安全生产规程到市场准入等“从农田到餐桌”的全程管理的重要保障。

### （二）移动互联网技术在农产品质量安全监测中的应用

对农业生产环境进行监控，可以为农产品提供适宜的环境基础。运用互联网技术收集采集到的环境信息，在有不良环境因素出现时发出预警，及时地进行相应的调整，有利于农产品生产的顺利进行。环境检测指标一般是针对土壤、大气、水源的检测。土壤中影响农产品质量安全的主要因素是施用的农药和化肥造成的重金属污染。对于空气温湿度的监测，可以保证农产品的有利生长条件，改善农产品的品质。

随着农业信息化的发展，对生产环境的监控已经可以采用数字化的设备来实现了，既节省了人力，也提高了效率。随着各级政府部门对农产品质量安全问题的行政监督管理的开展，一方面，行政执法、质量安全监测依赖于传统技术（专业监测设备）；另一方，面迫切需要信息化平台的支持，实现“生产—市场—消费”一站式的现代 数字化监控。

## 三、农产品品质认证

质量认证，又称合格认证。当需方或买方对供方或卖方提供的产品或服务无法判断其质量是否合格时，由第三方来判断。第三方既要对第一方负责，又要对第二方负责，做到公开、公正、公平，出具的证明要获得双方的信任。因此，第三方一般都由政府部门直接担任，或者由其认可的部门或组织担任，这些部门或组织就是所谓的“认证机构”。通过了质量认证，将会得到认证证书和认证标识。

我国的农产品认证始于20世纪90年代初的绿色食品认证。绿色食品是指遵循可持续发展原则，按照特定生产方式生产并经专门机构认定，许可使用绿色食品标志商标的无污染的安全、优质、营养类食品。2001年，有关部门提出了无公害农产品的概念，并组织实施“无公害食品行动计划”，各地自行制定标准，开展了当地的无公害农产品认证。无公害农产品是指产地环境、生产过程、产品质量均符合国家有关标准和规范的要求，经认证合格获得认证证书并允许使用无公害农产品标识的未经加工或初加工的食用农产品。

20世纪90年代后期，国内一些机构引入国外有机食品标准，实施了有机食品认证。有机食品认证是农产品质量安全认证的组成部分之一，是指来自有机生产体系，根据有机产品生产要求和相应的标准生产加工的，并通过合法的有机产品认证机构认证的产品。无公害农产品、绿色食品、有机农产品和农产品地理标志统称为“三品一标”。

“三品一标”是政府主导的安全优质农产品公共品牌。经过多年发展，“三品一标”工作取得了明显效果，在提升农产品质量安全水平、促进农业提质增效和农民增收等方面发挥了重要作用。

## 四、农产品质量安全市场监管

农产品市场监管是保证农产品质量安全的重要组成部分。由于农产品的质量安全具有效用的不可分割性，消费的非竞争性和收益的非排他性，因此，农产品的质量安全具有公共物品的性质。就农产品质量来说，市场参与者所需要的信息本身就是公共物品。对于农产品市场的监督和管理、农业科学研究、农业新技术的推广和示范、农业教育等也是公共物品。在市场交易中，生产者和消费者对食品品质信息的掌握量是不相同的，产生外部性的一方与受到外部性影响的一方对外部性信息的掌握程度也是有差异的，所以农产品质量安全问题中存在着信息不充分的问题。就农产品质量安全监管而言，加强农产品的质量安全市场监管，提高农产品质量的安全水平，不仅可以让购买农产品的消费者直接受益，而且可以带来普遍的社会效益。

政府在监管过程中，要对自身的功能进行适当的定位，明确农产品质量安全监管部门的职责分工，处理好政府、企业与农村中介组织之间的关系。同时，处理好管理成本与管理效益之间的关系。

# 第三节　农产品质量安全追溯平台

## 一、可追溯系统的发展

可追溯系统就是在产品供应的整个过程中对产品的各种相关信息进行记录存储的质量保障系统。可追溯性要求的目的，是在发现问题之后，可以将同一批产品追回，以便采取补救和纠正措施，防止不合格品产生更大的问题。因此，“可追溯性”要求组织应在适当的时候，用适宜的方法对产品实现的全过程进行识别，并针对监视和检测要识别产品的要求识别产品的状态，在有可追溯性要求的场合，控制并记录产品的唯一性标识。

对于追溯和可追溯体系的意义，学者们已经从多角度进行了探讨，主要可以归结为以下三个方面：一是可以消除信息的不对称，维护消费者对农产品安全信息的知情权；二是明确各个主体的行为和责任，加强对农产品质量安全的过程监控；三是促进风险管理，提高应对农产品安全突发事件的处理能力，降低事后的处理成本。

### （一）可追溯系统管理的主体

可追溯系统管理的主体主要由三方构成，即政府、生产者和消费者。其中，政府和生产者为农产品质量安全追溯管理系统建设的承担主体，消费者为追溯管理系统的支付者和评价者。

政府在可追溯系统管理中充当管理者的角色，需要对市场进行干预和管制。可追溯系统建立的一个重要意义就在于从某种程度上解决市场失灵的问题。消费者通过可追溯信息平台，能够获取之前无法了解的关于产品安全属性等方面的相关信息。政府通过建立可追溯系统，给消费者和生产者营造出一个公平的市场环境。

对生产者而言，实施可追溯系统的动机和意愿主要是能够优化供应链管理，减少产品交易和管理成本，并且能够通过寻求产品的差异化，提高产品竞争力。同时，还可以有效地降低由于食品质量安全事件造成损失的风险。

作为消费者，可追溯系统能够带来的效益主要体现为产品价格的提升和销售收益的增加，实施可追溯体系的成本最终需要由消费者支付，因此，可追溯体系的效果很大程度上受到消费者对可追溯产品支付意愿的影响。

### （二）农产品可追溯平台建设需要关注的方面

#### 1. 平台架构的整体性和统一性

当前的追溯试点已经取得了一些成效，但是基本处于相互独立的局面，需整合现有的追溯试点资源，建立国家农产品的质量安全追溯管理整体平台。按照统一编码规则、统一采集指标、统一传输格式、统一接口规范、统一工作流程的思路，标准有序地开展。

#### 2. 追溯管理的连续性和全程性

可追溯平台的实质就是农产品各个阶段的信息流要连续且有保障，通过信息技术将农产品实物流和信息流相结合，才能使质量安全管理贯穿到整个产品的供应链，实现整个过程中对不同环节责任主体的追溯。

3. 数据的采集传输要简易和扁平化

农产品的供应链长，中间环节很多，为了确保平台能够在全国范围内持续地运行，数据的采集内容必须是关键的信息。数据的采集必须方便采集，容易录入，而且成本要低。

4. 技术应用要保证先进性和成熟性

平台信息技术的发展十分迅速，因此，在平台建设时应具有前瞻性，积极采用先进的技术，以确保平台能够长时间稳定地运行。同时也要考虑技术的成熟性，将信息技术可能带来的风险降至最低，保障平台运行的安全可靠。

## 二、农产品全产业链可追溯的重要性

农产品可追溯系统是控制农产品质量安全的有效手段。可追溯系统强调产品的唯一标识和全过程追踪，对于可追溯系统的产品，在其各个生产环节都可以实行质量控制方法实现对整个供应链上各个环节的产品信息进行跟踪和追溯。一旦出现了食品安全问题，可以及时、有效、准确地追踪到食品的源头，快速地召回不合格产品。我国建立农产品可追溯体系不仅能为人民群众提供优质安全手段，而且对提高我国农产品在国际市场上的竞争力起到十分重要的作用。

## 三、移动互联网技术在农产品全产业链追溯中的应用

对农产品质量安全追溯体系的研究已经取得了很多成果，让人们可以在生活中切实体会到可追溯系统发展带来的方便，二维码技术与射频识别技术在可追溯系统中的应用使得消费者在超市只要对着农超对接的农产品上的二维码标识扫一下或者通过电子标签识别，就可以获取相应产品的基本信息，包括产地、包装日期、等级等信息，以及生产者的相关证明信息。一方面，可以在发现农产品质量安全问题时迅速地锁定源头，界定主体责任，督促生产者增强自律，落实质量控制措施。另一方面，可以让消费者更直观地了解农产品的生产加工情况，增强整个过程的透明度，推动产品信息的公开。追溯体系对消费者和生产者都是有利的。消费者从二维码等电子信标上能够获取农产品的基本信息，通过这些信息判断农产品是否安全。

生产者可以通过追溯体系确保自己的产品免受劣质产品的影响而导致恶性竞争。

现在一些农户组织了蔬菜合作社，进行蔬菜的集中运输和贩卖。如某县蔬菜合作社，利用现代电子商务在农产品销售中的应用，建立了蔬菜专业合作社网站，在里面可以看到蔬菜的报价，并且可以在网上订购蔬菜。如果所需种类较多，可以在网上进行不同种类的蔬菜配菜。在种植环节，利用在种植区安装的 30 多个监控头，可以将蔬菜种植及生长情况进行网上公开，同时也关注到网上的质量追溯，每种蔬菜来自哪个种植基地的情况都可以详细地在网上展示，一旦哪种蔬菜消费者反映有问题，马上就可以找到菜是从哪里采摘的，迅速追根溯源，发现并解决问题。

### （一）基于二维码农产品质量安全追溯平台

在我国，智能手机已经得到广泛的运用，覆盖了绝大部分的人群，成为人们日常生活中不可或缺的产品。在我国农村，手机用户也呈现出逐年上升的趋势，使越来越多的农村人口通过手机与外界进行信息交互成为可能。智能手机所具有的扫描二维码获取并存储数据的能力，使得基于二维码农产品的质量安全追溯系统在市场上广泛应用成为可能。同时，随着农副产品质量安全追溯体系的逐步完善，目前也有很多商铺和超市推出了利用二维码向消费者传达农产品追溯信息的终端系统。消费者通过手机扫描二维码就能够获取相关的追溯信息，使得消费者能够吃到安全放心的农产品。

二维码具有的数据存储能力和方便快捷的使用方式，使得基于二维码农产品质量安全追溯平台成为必然的发展趋势。

### （二）基于射频识别的农产品质量安全追溯平台

食品的供应链主要分为三个部分：种植和养殖、加工、仓储与物流运输，但其中包含许许多多的中间环节。因此，如何更好地控制食品加工中的各个环节，在提高效率的同时保证食品质量安全问题不出差错，成为政府、食品厂商和消费者多方共同关注和急于完成的首要目标。

视频识别技术凭借其无线传输特性与物品标识的唯一性和安全性，在标签上能够覆盖食品供应链全过程的所有信息数据，完成 100% 追溯食品来源的解决方案，可以回答消费者关于“食品从哪里来”“中间处理环节是否完善”等问题，并给出详细可靠的答案。

## 四、农产品供应链追溯系统

农产品供应链追溯系统是我国进行新农村电子商务推广的重要安全控制手段。农产品供应链追溯系统分为两种：一种是面向消费者的追溯系统，即从供应链的上游结点（农产品生产源头）下游结点（消费者）的追溯系统；另一种是面向供应商的追溯系统，即从下游结点（消费者）到供应链的上游结点（农产品生产源头）的追溯系统。鉴于农产品食品安全的重要性，研究成果更多地偏向于面向供应商的追溯系统。

### （一）农产品供应链追溯系统总体框架

系统设计的主导思想是：将供应链上捕捉后的信息数据进行数据的集成，存储到一个专门用于供应链追溯的共享数据库里面，由于可能涉及商业机密，供应链上的各企业可以通过数据加密手段对需要集成的数据进行加密，只有具备权限的用户才可以在共享数据库进行相应的数据查询。集成数据库涉及整个供应链上各个企业的监控数据信息，因此，该共享数据库的信息量是巨大的，需要定期地将以前的数据进行转存，将其存储在历史的数据库中。当有追溯请求涉及历史数据时，通过调用历史数据库，或者把历史数据库中的数据转存到当前数据中，进行追溯查询。供应链集成数据库一般存储的是当前供应链上的各企业进行产品监控的信息，增加一个历史数据库是为了减轻集成数据库的压力和增加当前产品状态信息查询的灵敏度。基于供应链集成数据库，可以设计一个专门的农产品追溯平台，方便有权限的用户对产品进行追溯，并且将追溯的结果直接反馈给用户。此处的用户一般是指具有密钥的用户，由于涉及数据的安全，产品的各个环节上的数据可能已经进行了加密。追溯系统也可以对产品的流向进行跟踪，这样更能方便企业对市场的分析。

农产品跟踪与追溯系统的总体设计示意图见图 5-1。

### （二）农产品供应链追溯功能

基于前面的设计思想，整个供应链的产品监控信息进行了集成，存放在供应链集成数据库中，因此，追溯的数据来源均来自该数据库。农产品供应链跟踪与追溯系统的主要功能为种植监控、加工生产监控、运输监控和销售监控。其功能结构如图 5-2 所示。

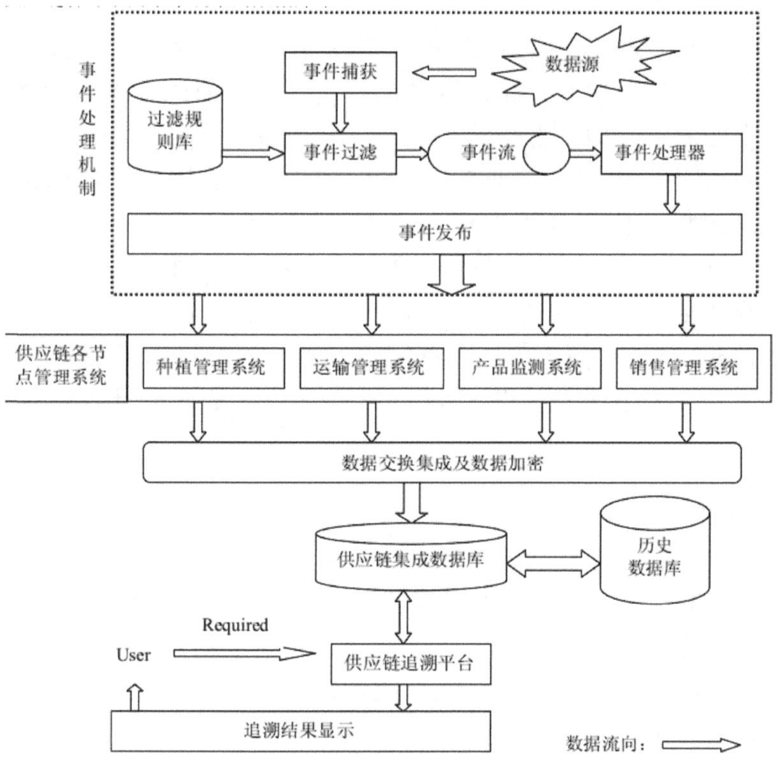


图 5-1　追溯系统总体设计示意图

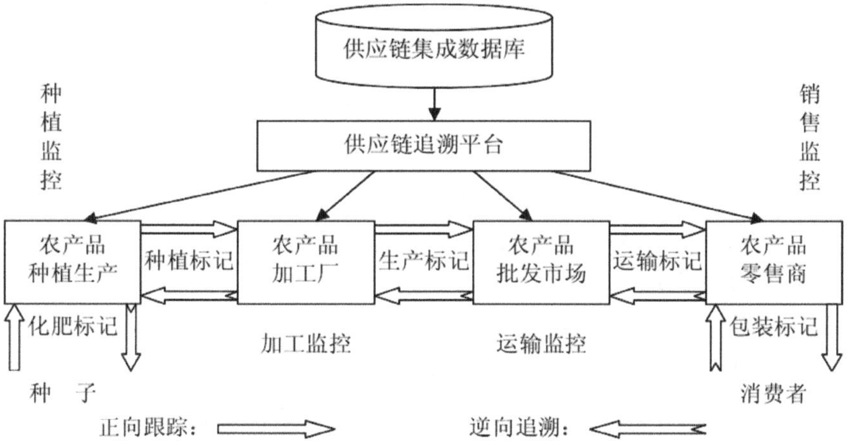


图 5-2　追溯系统功能结构示意图

1. 种植监控

该环节主要通过应用射频识别或者其他跟踪追溯技术，实时记录农产品的详细生产过程，如农产品的育苗品种、播种的时间记录、灌溉次数和周期记录、施肥记录、病虫害防治记录等。在农业生产的过程中，还可以通过相关技术对农药、化肥等农业生产必需品的购买使用信息加以记录管理，如出现农药过期、使用禁用农药、化肥过期、质量不合格等将发出警告提示信息。在农产品进行收获时，对收获的时间，种植地编号，收获员等相关信息进行组合并以固定的方式进行信息的录入，保证种植过程中所有的步骤都被监控。可以将种植地所用化肥、灌溉次数和收获情况的信息进行组合，以后便于对农业技术生产进行研究分析，从而保证种植技术的不断革新。

2. 加工监控

标签具有信息的存储功能，因此，在标签上可以方便地添加信息。在农产品的加工环节中，企业可以先通过读取该农产品的标签信息进行信息核对，然后根据自身需要和相关部门的生产要求，再将农药残留检测结果、加工检测单位、加工期等信息，以加密的形式添加到标签中。企业使用专用密钥对数据进行核实，确认产品的生产、加工等信息都已经准确无误地记录在标签中。消费者在进行产品购买时，可以通过专用的阅读器读取产品标签上的信息，可以及时地了解农产品供应链上所有的监控信息。在出现问题产品时，也容易及时查找问题的根源。

3. 运输监控

当农产品封装好准备装车时，会在农产品的封装箱上安装相应的标签，对运输车辆的信息和农产品的相关信息进行录入。通过阅读器对信息进行核查，检验信息是否准确，在运输过程中，如果读取不到数据或者读取的数据不合法时，系统会自动报警提示管理人员。当农产品的集装箱配送到指定区域后，系统通过读取封装箱上的标签信息并通过显示器显示出来，当读取的信息不符合系统要求时，系统会将错误信息进行反馈，以便管理员进行核查。在农产品成功装上车后，系统可以自动为标签添加相关信息，如监控人员信息、车辆信息、出发时间、地点和目的地等相关信息。这样可以有效对农产品的整个运输配送过程进行监控。

4. 销售监控

包装加工好的农产品进入销售环节后，经营户可通过相关阅读器自动读取标签的信息，建立专门的销售监控系统，对产品的销售记录的历史信息和当前实时信息进行监控与追溯，如基于射频识别的超市监控系统。通过该系统，在客户自动付款时，可以通过记录该客户的相关信息，就可以知道农产品的流向。

# 第六章 农产品电子商务创新发展

## 第一节 农产品电子商务新业态

### 一、方兴未艾的农产品移动电子商务

#### （一）移动电子商务介绍

移动互联网和智能手机的迅速普及改变了人们的生活方式，也带动了移动电子商务的迅速兴起。移动电子商务利用手机、掌上电脑等无线终端，将互联网、移动通信、短距离通信及其他信息处理技术相互结合。移动电商是电子商务的新分支，突破了使用电脑通过固定电信网络接入互联网的局限，将各种业务从有线向无线转移和完善。凭借技术和应用上的优越性，移动电商显示出强大的发展潜力。

与传统电子商务相比，移动电子商务具有以下六个优点：

1. 无线化使得交易不受时空的局限，更加便利。

2. 用户群体更加多元，用户规模更大。

3. 用户身份更容易确认，有利于实现信用安全认证。

4. 能为用户提供广泛的定制服务，满足个性化的需求。

5. 营销变得更加标准。

6. 各类移动应用软件不断出现，使得移动电子商务更加多元和具有创新性。

### （二）农产品移动电商概述

跨境电商、移动电商、农村电商被称为未来电商发展的“三驾马车”。农产品移动电子商务则将其中的两大热点——移动电商和农村电商进行了有效结合。随着农村电商市场的火热，移动端依靠比PC端更便宜的设备和更便捷的操作，占有越来越重要的地位。农产品移动电商将农产品的相关信息，如种类、价格、特征、供货商、交易方式等，在移动平台进行展示，提供农产品信息发布、检索、支付等环节的媒介，最终通过移动端达到宣传和交易的目的。农产品移动电商大大开拓了农产品销售的渠道。

我国农产品移动电商具有以下有利条件：

#### 1. 有广泛的市场参与主体

农产品移动电商具有广泛的市场参与主体，农村地区的网络硬件接入成本高，台式电脑和笔记本电脑上网人数增长缓慢。而手机仅需要开通移动网络功能即可实现上网，非常便利快捷，为农产品移动电商发展奠定了坚实的基础。

#### 2. 有强大的移动互联网信息支持

具备强大的移动互联网信息支持，不受时间和地域限制的移动互联网，为农民开展移动电商提供了便利。

## 二、风生水起的农产品社交电子商务

### （一）社交电子商务的概念

社交电子商务（简称社交电商），是社交和电子商务的组合，但又不是简单地相加，而是相互渗透、相互融合。社交电商借助社交网站、社交媒介等传播途径，通过社交互动、用户生成内容等工具协助商品的购买和销售行为，并将关注、沟通、讨论、分享、互动等社交元素应用于电商交易过程。尤其是借助社交挖掘新用户和提高市场认知度，此举被众多综合电商和垂直电商高频采用。

具体可以从消费者、电商企业、社交网站三个方面进一步认识社交电商：①从消费者的角度看，社交电商体现在不需要登录电商网站搜索，而是在社交环境中了解商品，在交流互动中达成交易。②从电商企业的角度看，社交电商转变了被动选择的角色，要求必须主动通过社交工具将商品信息推送给消费者，需要提供个性化、优质的服务。③从社交网站的角度看，帮助电子商务企业完成品牌推广和交易，以及利用社交圈搭建平台，获取广告收入或佣金。

### （二）社交电商的特点

除拥有社交网站和电子商务的一般特点外，社交电商还有以下四个特征：

#### 1. 被动消费需求

消费者不再因需求而购买产品，而是在日常的社会交流中被动了解产品信息和产生购买意愿。

#### 2. 流量成本降低

社交电商的流量主要来源于社交网络，包括线上和线下。所以，社交电商具有更低的连接成本。

#### 3. 买卖双方呈现强关系

加入社交元素，商家更清楚消费者的需求，消费者更能对商家产生信任，两者能够产生强烈的互动。以至于有人说，社交电商是信任销售，其本质就是信任。

#### 4. 创造附加价值

卖家利用社交网络，能够低成本地深入了解用户需求，便于提供更加个性和完善的服务，创造附加价值。

### （三）农产品社交电商的营运策略

#### 1. 选择合适的产品

选择合适的产品是开展农产品社交电商的基础。要选择有地域优势和成本优势的农产品，同时确保标准化程度高、附加值高和运输过程中易保存、损耗少等。比如，相对于蔬菜，水果的保质期就比较长，在运输过程中出现折损的概率更小。还要打造主推产品，即最能吸引消费者的一款商品，以实现快速提高知名度和保证经营现金流的目的。

2. 打造产品品牌

消费者日益注重吃出品质、吃出特色、吃出营养。在社交电商中，消费者的口口相传对品牌形象的提升或降低会起到立竿见影的效果。所以，要特别注重从产品特色和客户需求出发，开发产品的卖点，激发客户的购买欲望，打造产品品牌。

3. 采用适当促销技巧

每一种农产品的背后都有一段故事和文化，都有其天然的客户群和市场。要根据产品特色和价格等对市场进行细分，实现精准定位和快速推广。要根据目标人群的特点，运用相应的广告策略和价格策略，并辅以优惠活动。要结合产品的实际情况，力争挖掘创造爆点，打造出爆款产品。

4. 做好售后跟踪服务

产品销售出去，工作并未结束，其实更意味着新一轮销售的开始。所以，一定要做好产品的售后跟踪，有问题要在第一时间给予妥善解决。

具体而言，首先，在销售服务、店面设计和整体环境等方面给客户创造出良好的购物体验。其次，在客户购买行为发生后，定期与客户进行互动，提高客户的满意度和黏性。最后，做好客户管理。建立客户信息库，及时与之交流，积极征询建议，不断改进产品和服务，争取创造第二次消费的机会。

## 第二节　农产品众筹

随着人民生活水平的大幅提高，人们对健康、美味、生态的农产品需求也越来越高。“互联网 + 众筹”的出现正好可以解决这一问题。

### 一、农产品众筹的概念

众筹是指许多陌生人通过互联网及社交平台，为某个项目、某个产品、某个创意共同出资的一种筹资模式。作为全新的互联网商业模式和营销创新，众筹为拥有梦想、缺乏资金的个人和小企业提供了融资平台，具有低门槛、多样性、大众性、创意性的特点。目前，根据项目回报内容不同，众筹主要分为产品回报型和股权回报型。产品回报型是指以实物产品作为回报内容，股权回报型的回报内容则非实物而是股权。

互联网的快速发展促进了农产品营销方式的转变。众筹模式的引入为互联网和农产品营销搭建了深层次合作的桥梁。农产品众筹是在互联网平台下，将众筹营销模式与农产品结合起来，为农产品营销提供新的渠道，同时也为缺乏资金的农户提供融资平台。该模式不仅降低了融资门槛，而且激发了普通民众的创业热情，拉近了农产品生产者与消费者之间的距离。

农产品众筹的流程和特点如下：一是向消费者众筹资金，利用互联网和社交网络汇集订单，使农产品生产者能提前组织种植。这种订单驱动的形式解决了农产品流通过程中信息不对称、中间环节过多等问题，保证了农民的收益。二是待农作物成熟后，农户将农产品通过物流快递直接送到消费者手中，整个流程可以说相当于个性化的农产品私人定制服务。

## 二、农产品众筹的作用

### （一）缩短流通链条

传统农产品从生产到零售，经历了多次集散过程，农产品的新鲜程度大打折扣，且流通成本持续增加，价格不断上涨。农产品众筹采取“农场—家庭”的直供模式，可将成熟农产品直接从产地配送到消费者，降低了终端价格，保持了农产品的新鲜度。

### （二）解决资金问题

农产品众筹通过平台直接向消费者筹集资金。这种类似于农产品预售的模式能够在一定程度上解决农户的生产资金问题。农产品众筹通过互联网筹资，融资的门槛低、基数大、速度快、效率高。

### （三）降低农业风险

农产品众筹以“生产成本 + 生产者利润”预估定价，实行农产品预售和个性化定制，能够根据销量来规划生产，从而提前锁定市场，降低了农产品的市场风险，使得农产品直达消费端，流通环节少、时间短、效率高，降低了运输风险。

### （四）在消费端和生产方之间建立信任

农产品众筹提供了一个平台，让消费者自主选择农产品的生产地、生产方式和生产时间，并能依需要参与生产环节，实现对农产品质量安全的监督。所以，农产品众筹让生产透明化，能够在消费端与生产方之间建立信任。

## 三、农产品众筹的实施

### （一）农产品众筹的构成要素

一个完整的众筹项目，由发起人、创意、跟投人、平台、资金等要素构成。项目发起人往往是有创造能力但缺乏资金的人，通过众筹，可以获得完成项目的资金。跟投人是对发起人的项目和回报感兴趣，并且有能力出资的人。出资过程也是消费资金前移的过程，众筹项目的平台是连接发起人和跟投人之间的互联网媒介，承担着众筹项目的虚拟运作、监督管理等功能。

### （二）农产品众筹的操作流程

农产品众筹流程可归纳为如下四步：①发起人将农产品众筹的策划方案和融资需求上传至众筹平台，平台进行审核。②项目通过后，众筹平台将项目展示推广，让有消费意愿或投资意愿的出资人（个人和机构）关注和了解项目，进而投资项目。③若项目的融资目标达成，出资人的资金在募资期限内将转入发起人的资金账户或第三方账户。若所筹资金未达目标，资金将退回出资人，众筹项目终结。在整个过程中，出资人的资金将受到平台的有效监管，以保障其利益。④项目实施完毕后，发起人以相应的农产品等形式回报出资人，众筹结束。

### （三）农产品众筹方案的编写要点

农产品众筹成功的关键在于撰写一份优秀的农产品众筹方案。以产品回报型农产品众筹为例，其众筹方案编写要点如下。

#### 1. 研究农产品特点

实地考察和调研相关情况，从功能、地域优势、生存环境、生产条件和生产过程等多维度了解该农产品。一定要挖掘出农产品的核心竞争力，以吸引出资人关注和支持众筹。

#### 2. 收集农产品众筹素材

素材包括农产品信息、文字内容、实物照片、视频和生产种植过程照片，以及不同季节的场景图片等。

3. 写出漂亮的众筹文案

根据已有内容和图片进行策划、整理、提炼和细化，并加入能获取出资人信任、有公信力的信息。要通过文字和图片的渲染，把该农产品的吸引力充分表达出来。

4. 农产品众筹界面设计

根据农产品众筹文案，确定界面风格和搭配色彩。充分利用界面设计软件实现产品的图文描述，争取制作出令人眼前一亮的效果。

# 第三节　农产品电子商务与休闲农业

当前，融合农产品电商、休闲农业和乡村旅游的农业全产业链模式势在必行。根据农产品生产过程，设计丰富有趣的农事活动，增强用户的体验性，再通过电商平台的宣传推广，就能让休闲农庄成为城里人经常去活动的体验基地和农产品销售的重要渠道，反过来又可以促进休闲农业的发展。

## 一、休闲农业及其主要类型

休闲农业又称旅游农业，是指合理地开发利用农业自然资源，把农业生产经营活动和发展旅游、观光休闲结合起来，通过优化农业生产结构和品种结构，科学规划布局，达到美化景观、观光游览、学习新鲜事物的目的。对于游客而言，休闲农业有利于拓展旅游空间，满足返璞归真的愿望。对农户来说，休闲农业有利于推动农产品销售，提高收入。休闲农业与乡村旅游结合起来，能够扩大乡村景点的知名度，营造促进农民就业增收、拉动城乡居民休闲消费的氛围，是推进全域化旅游和促进城乡一体化发展的重要载体。

我国休闲农业将呈现多样化发展趋势，其主要分类如下：①根据区位条件，分为城市郊区型、景区周边型、风情村寨型、基地带动型、资源带动型等类型；②根据产业基础，分为观光种植业、观光林业、观光牧业、观光渔业、观光副业、观光生态农业等类型；③根据功能目的，分为观光农园、休闲农园、科技农园、生态农园、休闲渔园、市民农园、农业公园等类型；④

根据组织模式，分为政府主导、企业带动、主导产业拉动、专业协会带动等类型。

## 二、互联网催化下休闲农业的变革

随着消费者需求的不断提升和互联网技术的突飞猛进，传统休闲农业逐渐向“休闲农业＋互联网”转型。总体来看，传统休闲农业的生产、分配、交换、消费流程正在向“休闲农业＋互联网”的消费、交换、分配、生产流程转变。具体来说，以下三方面正在互联网的催化下发生着深刻变革：

### （一）营销和销售模式正从“线下销售”转向“线上营销”

#### 1. 营销模式变革

休闲农业产品和服务的营销活动，如休闲农业产品和服务的市场调研、产品和服务推广、品牌策划、客户沟通和服务等，均基于互联网而展开。尤其随着移动互联网的发展，休闲农业产品和服务的营销活动正快速向移动终端扩展。

#### 2. 销售模式变革

休闲农业产品和服务的销售活动，从线下转向线上。具体分为以下三种基本类型：

（1）线上委托代理销售：委托授权第三方电子商务公司进行网上销售。

（2）线上自营网站销售。

（3）线上自营网店销售：依托第三方网络销售平台进行销售。

### （二）生产服务模式正从“以产定销”走向“按需定产”

#### 1. 休闲农产品生产模式变革

农产品生产由传统的“以产定销”向互联网时代的“按需定产”转变。具体分为两种模式：①基于互联网大数据分析的网络预测生产模式；②基于互联网数据共享的消费者定制生产模式。

#### 2. 休闲服务提供模式变革

对于休闲服务的设计与实现，消费者由传统的被动接受向主动参与设计和实现过程转变。具体表现为：①消费者通过互联网直接参与休闲服务模式的设计过程，创建个性化的休闲服务品类；②消费者通过自助方式实现休闲服务的部分环节，如自助点餐、自助支付、自助游乐等。

### （三）管理和财务正从“传统企业主”走向“互联网大数据分析”

1. 管理模式变革

休闲农业正从传统的基于企业主的准确判断与决策，逐渐转向基于互联网大数据分析的消费者需求预测。

2. 财务管理模式变革

一是从传统的基于现金结算和银行转账的会计结算和记账体系，向基于互联网电子收付的会计结算系统和会计记账系统转变；二是从传统的基于自有或借贷资金的投融资模式，向基于互联网共享理念的新型投融资模式转变。

## 三、休闲农业线上营销和运营建议

### （一）加大休闲农业线上营销力度

休闲农业的线上宣传营销与实体设施建设同等重要。要学会依托网站、公众号、报纸、杂志等媒介，构建稳定的宣传推介渠道，满足消费者在线购买、线下消费的需求。要特别注重利用新媒体平台，发挥其受众广、传播快、互动性强的特点，及时向社会发布各类农事节庆、节会、博览会、创意大赛等休闲热点信息。要根据季节特色举办春节到农家过大年、早春到乡村去踏青、初夏到农村品美食、仲秋到田间去采摘等活动，为城乡居民在节假日期间就近提供“望得见山、看得见水、记得住乡愁”的好去处。

### （二）构建“休闲农业＋互联网”政策支持体系

1. 加大政策引导和扶持力度，营造良好的宏观环境

一是强化政策引导，各级政府部门尽快制定“休闲农业＋互联网”政策；二是理顺各部门的相关政策，加强国土、农业、旅游、工商、税务等部门间的组织协调工作。

2. 深化金融体制改革，提高农村金融服务水平

一是完善农村市场体系建设，营造良好的“休闲农业＋互联网”外部融资环境；二是健全信用担保体系，提高休闲农业企业融资担保效率；三是加大金融政策扶持力度，如贴息、项目资金、PPP 等，催生更多休闲农业企业融资供给主体；四是规范引导民间融资，降低“休闲农业＋互联网”的民间融资风险。

3. 完善相关土地政策

完善相关土地政策，同时积极推进土地流转，探索承包地经营权互换、经营权入股等适宜“休闲农业 + 互联网”发展的土地流转新模式。

### （三）做好“休闲农业 + 互联网”的规划与服务

1. 统筹区域性“休闲农业 + 互联网”发展规划

根据资源特点、区位特征等实际情况，综合权衡行业和企业发展需要，统筹各区域“休闲农业 + 互联网”发展规划，推进休闲农业整体健康有序发展。

2. 加强行业规范与技术规程建设

考虑农业的特点，制定与乡村旅游相关的行业标准和技术规程，对“休闲农业 + 互联网”整体环境、功能分区、活动项目、餐饮、住宿等内容进行规范。

3. 加强“休闲农业 + 互联网”信息化公共服务平台建设

通过公共信息服务平台，整合行业资源，为“休闲农业 + 互联网”发展提供高效的信息平台支撑。

4. 加强公共基础设施建设

通过立项补助、重点扶持等方式，加强农村交通、水电、卫生、环境等公共基础设施和生态环境配套建设维护，提高公共服务水平，夯实“休闲农业 + 互联网”持续健康发展的基础。

# 第七章　加快农村电子商务人才培养

## 第一节　农村电子商务人才队伍建设

我国农村电子商务需要的人才从农村电子商务的建设方向上分可以分为工业品下乡的从业人员、农产品或者在农村的电商从业人员、农村电子商务产业链的服务人员（服务商）；从资源形态和组织行为上分可以分为政府的公共服务培训力量、农村自发的帮带力量。

农村流通现代化是指在农村的商品流通的全过程运用先进的流通技术设施、手段和现代的流通方式、管理方法，遵循市场经济规律和国际通行规则，使商品流通领域的商流、物流、信息流建立在现代科学技术基础上，形成高效率、高效益的商品流通体系。

流通现代化的内容主要包括：流通观念现代化、流通组织现代化、流通方式现代化、流通技术现代化、流通基础设施现代化、流通布局现代化和流通管理现代化等。从农村流通现代化的概念与流通现代化的内容可以得知，农村流通现代化的过程人才的需求具有如下特点：①农村流通现代化的实现，要求在实施农村流通现代化的实现过程中需要有掌握了流通现代化观念的人才；②农村流通现代化的实现需要有掌握现代管理思想与理念的人才，实现流通组织现代化、流通管理现代化；③农村流通现代化的过程，必将使流通方式现代化，使用最新的现代化的工具、技术与手段实现流通现代化，必将要求在实施农村流通现代化的过程中有一部分掌握了最新的现代化的工具、技术、手段精湛的高技能人才。

电子商务是现代流通方式的一种，是一种新的商务形式。在发展农村流通现代化的过程中，电子商务必将发挥巨大的作用，它将极大地解决农产品流通过程中出现的多环节、高成本问题。培养农村建设过程中为农村流通现代化服务的电子商务人才，必须考虑到农村流通现代化的现状与特点、农村建设的特点，使得电子商务人才为农村流通现代化服务、为农村建设服务。

1. 农村电子商务人才应具备的素养

农村建设、农村流通现代化服务的农村电子商务人才必须掌握流通现代化观念、现代管理思想与理念，还要掌握最新的现代化的工具、技术与手段。

2. 农村电子商务人才必须了解农村的特点

农村流通现代化的对象主要是农产品。对于参与流通的农村电子商务人才必须了解农村，了解农产品，这就要求高校在制订农村电子商务人才培养方案时，增加对于农村、农产品知识的介绍。

3. 必须具有电子商务人才的一般特征

为农村流通现代化服务的电子商务人才必须具有电子商务人才的基本素质。高校培养的电子商务人才应该是能适应社会主义现代化建设需要的，德、智、体全面发展，具备一定的经贸理论知识和较强的信息技术应用能力，能熟练运用计算机网络技术特别是互联网技术开展商务活动，具有优良的综合素质和鲜明的专业特长，能适应中小企业电子商务岗位需要的高素质技能型专门人才。

## 第二节 农村电子商务人才的培养

### 一、人才培养对象与特性

当前农村电子商务人才培养的主要对象有在校学生、就业再就业人员、普通农业生产活动从业人员。

### （一）在校学生

在校学生主要包括高等院校、高等职业院校、中等职业院校的电子商务相关专业的学生。这类培养对象经历过系统的学习过程，规范性比较高，学习能力较强。面对这类培养对象需结合市场和区域特色。特别是对高等职业院校而言，需侧重培养技术型和商务型人才，根据市场需求定位不同的培养目标，根据不同的岗位群细分专业，适应一线工作需要。不同院校按照学生对象的不同选择战略型、商务型、管理型、技术型电子商务人才。

### （二）就业再就业人员

就业再就业人员主要分为两种：一种是有意从事农村电子商务的从业人员；另一种是回乡再就业人员。这类培养对象按照地域可分为两种：非本地从业人员和本地从业人员。就业再就业人员的典型特点就是本身对农村电子商务非常有兴趣，工作积极性高，学习主动性强。

### （三）普通农业生产活动从业人员

普通农业生产活动从业人员培养对象具有非常鲜明的本地特色，一般是当地农民，不具备专业的知识。对于这类人员的培养多注重于基础性、实操性、简单性。

农村电子商务人才培养的主要特性体现在多维性、区域性、合作性、跨领域、职教性、层次性等方面。

#### 1. 多维性

多维性从内容上划分可分为计算机及网络应用能力维、信息技术能力维、营销能力维、电子商务网站应用能力维、物流业务能力维、电子金融能力维。

#### 2. 区域性

区域性主要是指农村电子商务人才培养对区域的依托，具有一定的区域特色，应当结合区域本身的特点，适应区域发展需求。

#### 3. 合作性

合作性主要是指跨区域的电子商务合作、企业与学校的合作培养、学校与学校的合作培养、培训机构与学校的合作培养、集中单元培训与在校专业培训相结合、网络在线学习与 FTF 学习相结合等。

4. 跨领域性

跨领域性主要是指电子商务人才培养所涉及的知识、能力的跨界性，它涉及计算机技术、信息技术、网络技术、通信技术、金融、物流等。涉及面广、内容繁多。

5. 职教性

职教性主要是指农村电子商务人才培养应具有鲜明的职业特色。

6. 层次性

层次性主要是指从高到低，从管理到基础操作，可根据不同的培养对象和需求对象、实施分层次的、涵盖管理到实施的全方位人才培养途径。

## 二、农村电子商务人才培养素质要求

农村电子商务人才的培养，既要求这类人才具有电子商务人才的一般特点，又要求这类人才是为农村建设、为农村流通现代化服务，这就要求人们在对农村电子商务人才培养时，把电子商务人才一般的特点与要求跟农村的特点、农村流通现代化结合起来，设计农村电子商务人才培养方案。

### （一）电子商务人才基本素质

电子商务从概念上看，由电子和商务两部分组成，这就要求人们培养的电子商务人才既懂“电子”知识又懂“商务”知识。人们所说的“电子”就是计算机相关技术，“商务”知识就包括经济管理经营的相关知识。正是因为电子商务专业是一个要求掌握多方面知识的交叉专业，所以增加了这类人才的培养难度。电子商务是随着社会的发展推移而不断发展的，同时电子商务更加注重实践，人才培养过程中技术、商务等各个方面的知识也是发展的，使得高校培养电子商务人才的难度加大，因此要求在人才培养中技能型与综合素质相结合。通过对企业和农村调查，农村电子商务人才应该具有以上基本素质：

1. 思想道德素质

具有较强的事业心和实事求是的科学态度，勇于实践，具有较强的开拓精神，热爱本职工作，具有良好的职业意识和职业道德。

2. 业务素质

具有电子商务高级应用型人才所必需的经贸理论知识和信息技术应用能

力，能熟练运用计算机网络开展商务经营活动，毕业时每分钟能输入汉字60个，能熟练建立经营网店或管理维护企业网站。具体包括：

（1）理论知识方面

掌握本专业所必备的文化基础知识；掌握一定的经济理论知识；掌握市场调研的基础知识；掌握一定的专业英语知识；掌握计算机基础与网络应用的基础知识；掌握一定的企业财务经营管理知识；掌握市场营销的基础知识；掌握企业经营管理的基础知识；掌握国际贸易基础知识；熟悉有关商务活动的法律法规制度；掌握电子商务的基础知识；掌握物流管理、电子支付和网络安全基础知识；掌握网络营销基础知识；掌握商务网站规划与设计的基础知识。

（2）专业技能方面

具有较强的计算机操作能力；具备网络及互联网工具应用能力；掌握计算机病毒防范和网络安全防护的基本技术；具备公共关系业务处理能力；具备市场营销活动策划能力；具备一定的推销能力和商务谈判技巧；掌握网络信息收集整理基本技术；具备物流配送管理的基本操作能力；掌握企业商务网站的页面设计、美编和网站维护基本技术；具备撰写经济论文和调查报告等常用应用文的能力；具备企业商务网站维护升级与运营能力；数据库设计与动态网站设计能力；具备进出口业务处理基本能力；具备电子支付的管理能力；具备网络调研、网站推广和在线销售管理的基本能力；具备网络客户关系管理的基本能力；具备中小企业网络营销业务规划、实施与运营能力；电子商务服务商品的开发设计与销售管理能力。

（3）身体素质

具备健全的心理素质和健康的体魄，具有良好的文明行为习惯，具有体育运动和卫生保健知识，掌握一定的运动技能。

（4）心理素质

具备良好的心理素质和乐观的人生态度，达到心理健康、人格完善。

## 三、农村、农产品知识

### （一）了解农村

对于为农村流通现代化服务的电子商务人才，必须了解农村，了解农村的现状、农村运行的一般规律。高校在培养农村电子商务人才时，必须加入对农村的现状与农村运行规律的课程或是专题；安排时间让学生深入农村实训，熟悉农村的生活、工作、生产。

### （二）了解农产品一般知识

农村流通现代化实际上要解决两个部分：一是农产品从生产的源头进入终端消费；二是城市生产的工业品流通进入农村及每个农户。作为解决流通现代化的电子商务人才，必须懂得农产品的一般特点，了解农产品的一般知识。

## 四、“双目标、双渠道”的农村电子商务人才培养模式

基于目前高校农村电子商务人才培养的实际情况，有针对性地寻求合适的解决对策，以应对未来农村电子商务发展的人才需求，提出了“双目标、双渠道”的农村电子商务人才培养思路。双目标是为了适应不同背景、不同层次的培养对象；双渠道是为了不同的目标适配最佳的教育培养途径，即基于不同的目标，提供差异化的人才培养方案，实现传统意义的“因材施教”。

### （一）“双目标”

目前农村电子商务从业人员主要有两种来源：一是农村原有的农产品从业人员转型从事农村电子商务活动；二是高校培养的电子商务相关人才毕业后从事农村电子商务活动。两种人群的背景不同，知识和技能结构不同，可以实现的培养方式也不同，因此需要制定不同的培养目标。

1. 农村原有农产品从业人员

对于农村原有农产品从业人员从事农村电子商务活动的人群来说，如原农业生产基地、农民合作社等组织的员工，他们具有丰富的农业生产、经营、管理的经验，对农业、农村、农民等十分熟悉；他们有着淳朴的农村情怀，有着广泛的农民之间的群众关系，特别是对于最终的农产品而言，有着更为全面的认知和理解。

对于这一人群培养的目标设定是非常现实的，培养目标应非常贴近其生产、经营实际，即能够利用电子商务开展基础业务；利用电子商务指导农产品深加工，标准化、品牌化经营；利用电子商务更好地进行客户关系管理；利用电子商务更好地开展网上销售等。

2. 高校培养的农村电子商务人才

对于高校培养的农村电子商务人才而言，原有的电子商务人才培养方案能够使他们接受到较为系统化的电子商务教育，因此可以说他们具备完整的电子商务知识体系，以及一定的电子商务实操技能。他们了解如何利用电子商务开展企业的生产、经营、管理工作；了解如何通过电子商务的手段开展网上贸易、网上营销；了解如何通过电子商务的手段与客户进行更加便捷的沟通，以及沟通应该注意的事项；了解如何利用电子商务等信息技术手段进行客户关系管理等，然而他们欠缺的是对农业生产、经营的整个环节的了解，对农村、农民、农产品了解不够。

他们的需求特点是对农业相关项目的认知需求胜过电子商务技能。他们关心如何将电子商务与农业进行衔接，如何将电子商务应用到农业的生产、经营和管理中，如何将电子商务应用到农产品的流通加工和网上营销中。为此，他们的需求是了解农业生产、经营、管理的过程，了解农产品的特点，以便更好地开展电子商务活动，促进农业生产，扩大农产品销售。

### （二）“双渠道”

针对不同的目标人群，必须采用不同的人才培养方式，才能实现既定的人才培养效果。因此，针对农村原有农产品从业人员的电子商务技能教育和高校农村电子商务人才的培养应该在各自的人才培养目标的指导下，设计相应的教学模式。

农村原有农产品从业人员的知识、技能需求是模块化的，因此以提供培训的形式较为合适。培训的形式在时间上可以包括短期培训和中长期培训；培训的形式在地点上可以是校内集中式培训和当地集中式培训；培训的形式在内容上可以是讲座型、实操型和理实一体化培训等。

高校农村电子商务人才在培养渠道上和普通全日制高校学生培养一致，采用在校内接受系统化的专业知识、技能培养为主，辅以相应的企业实习与实践。高校农村电子商务人才培养的渠道是农村电子商务人才培养的主要渠道，这些具备系统化农村电子商务知识、技能的人才也将成为未来农村电子商务发展的主力军。

## 五、农村电商需要高素质应用型大学生

根据调查显示，现在人们对农村电子商务的认识有以下两层：

一类主要集中在电子零售，就是把当地名特优农产品通过几大零售平台销售出去，这类人才需求覆盖了农产品中小型企业及家庭个体户，需求较大的岗位为美工、运营。这类人才需求一般中职、高职生即可满足。

另一类人才集中在为当地农村电子商务提供服务支持和技术支持的电商服务类公司，或者是中型上规模的农村电子商务公司，他们的人才需求除了美工、运营，还有现代仓储物流、信息技术支持、数据分析等岗位，明显对电子商务人才有了复合型的要求。

所以农村电子商务的进一步发展需要高素质应用型大学生，毕业之后走入广大的农村，帮助当地发展高水平的农村电子商务。

### （一）注重复合能力的培养

经济、管理、贸易以及网络、信息技术的相关知识是必不可少的。即要用宽口径来培养电子商务人才，使得培养的电子商务人才具备较好的发展潜力，具有较好的专业素养，服务企业，共同成长。

### （二）务实为上

目前本科电子商务人才培养还是以课堂的理论讲授为主，或偏商务贸易，或偏技术开发，较少涉及一些电商平台的实战。这种做法值得商榷，因为农村电子商务企业多为中小型企业，对人才的使用希望较快看到效益。而平台的游戏规则与行业的做法等都是需要时间熟悉和实践的。因此在求学期间，学校应该有意识安排学生课内、课外在各大平台上实战，尽快熟悉电子零售几大平台的运作方法，同时也可以安排学生从校内开始就服务一家企业，在做中学，学习行业知识，为将来迅速融入行业、服务行业做好准备。

### （三）注重数据分析、供应链管理、人力资源管理等能力的培养

不管是农村电子商务还是其他，通过电子零售仅仅是卖产品，而互联网不仅可以卖产品，而且可以改变了人们的生活方式。光靠单纯农产品的零售，农村电商企业发展会遇到瓶颈，突破瓶颈不再是零售数量的上涨，而是商业模式的改变。

在电子零售发展趋向饱和的时候，高素质应用型电子商务人才其价值就开始凸显，尤其是农村电子商务的发展，更需要一批有志气、有目标、有干劲、有能力的高素质应用型电子商务人才投身其中。

## 六、电商人才培养新路径

### （一）培养目标与就业岗位

培养拥护党的基本路线，德、智、体、美、劳等诸方面全面发展的，了解现代农村发展现状，知悉农村经济和农产品特点，掌握电子商务所涉及的计算机操作、网页制作、网络营销等相关知识，具备农业类网站策划和网站前后台管理的能力，具备实际的电子商务业务工作能力。在网络交易、网站信息维护、网页制作等岗位上，从事农村网站建设管理及电子商务应用工作的高技能人才。就业岗位主要面向农业、农村服务类网站，从事农产品网站开发与管理的网站设计员；从事农业及农产品信息的信息采集员和网络编辑员；从事农村农业类网站推广的网站推广员；从事农村农业类物流服务的物流员等岗位。

### （二）素质、知识、能力体系结构

如下表，向我们介绍了素质体系的建构形式。

表 7-1　素质体系构建

| 各种主要素质 | 对应主干课程 | 教学形式 |
| --- | --- | --- |
| 政治素质 | 两课教育、时事讲座 | 课堂教学 |
| 身体素质 | 体育与健康、军训 | 课内选项 |
| 职业道德 | 两课教育、讲座、参观、社会实践等 | 课堂教学及活动 |
| 文化素养 | 文学欣赏、摄影艺术、商务礼仪等 | 公共选修课 |
| 心理素质 | 人际交往心理、社会心理学 | 公共选修课 |
| 团队、意识 | 社会实践、军训及各项活动等 | 第二课堂 |
| 吃苦耐劳品质 | 劳动课、军训 | 素质教育课 |

如下表，向我们展示了知识、能力体系的建构模式。

7-2 知识、能力体系构建

| 项目 | 各种主要能力 | 对应主干课程与技能训练 | 教学形式 |
| --- | --- | --- | --- |
| 基本能力 | 社会适应能力 | 两课教育与社交礼仪 | 课堂教学与公选课 |
| | 语言和文字表达能力 | 演讲与口才 | 课堂教学 |
| | 信息采集与处理能力 | 计算机应用基础、网络技术应用 | 课堂教学、实操训练 |
| | 逻辑思维与判断能力 | 成功学、逻辑学 | 公共选修课 |
| | 计算机操作能力 | 计算应用基础、计算机操作实训 | 课堂教学与实操训练 |
| | 一定的本专业外文资料阅读和翻译能力 | 外语 | 课堂教学、训练和公选课 |
| | 就业（创业）能力 | 就业指导、专业核心课 | 课堂教学与训练 |
| 专业能力技能 | 具有较强农村农业类网站策划和管理能力 | 农业经济学、电子商务概论、网络营销、企业管理 | 课堂教学与实训 |
| | 具备较强的营销策划及商务谈判能力 | 市场营销、商务谈判、营销策划 | 课堂教学与实训 |
| | 具备本专业中网站的制作、策划、维护、运营及数据库管理能力 | 网站制作技术、网络技术、JSP、SQLSERVE | 课堂教学与第二课堂 |
| | 具备相应的财务知识和广告知识 | 基础会计、网络广告设计 | 课堂教学与实训 |

## （三）人才培养模式的构建

### 1. 订单式人才培养

培养符合企业实际需要的人才，学校应该主动寻求农村电子商务人才需求，与企业建立联系，实现校企订单培养模式，校企联合制定本专业人才培养方案和教学大纲。根据企业需要，实行灵活和弹性培养模式，学生及时深入企业实践，培养真正符合企业实际需要的电子商务人才。

2. 三元模式人才培养

三元是指学校、企业、学生。三元模式可将电子商务公司引入学校实现校企一起培养的三赢模式。真正实现“企在校中”“校在企中”，三元模式可以在学校内设立企业工作室，学生利用课余时间参与企业工作，企业可以分配一些工作由学生利用业余时间完成，同时给予学生一定的补助。为企业节约了成本，由于学生在校企期间就参与具体工作，故在毕业前就具备企业真实工作经验。利于学生就业，企业也可在学生工作中发现合适的人才并录用，减少招聘和培训费用，学校也能达到人才培养的目的，真正实现学生赢、学校赢、企业赢的共赢局面。

3. 鼓励学生创业

帮助学生组建创业团队，给予学生一定的支持。根据本专业特点，鼓励学生在校期间成立创业团队，创业形式可以是自建网站或网店平台，由专业教师指导，学生利用课余时间将所学知识真正应用到实际工作中，利用网上免费开店平台，学生利用课余时间经营，既锻炼学生的专业技能，又增强学生学习兴趣。

4. 建立校企联合培养机制，实施企业项目课程

校企联合培养学生，学生第一学期结束后，第二学期在企业实践，第三学期回到学校学习，第四学期再到企业，以此类推，这种模式最大的好处是克服学校教学中的实践环节弱势，让学生在做中学，理论和实践得到较好的融通。也可以根据企业真实工作需要，建立项目模块课程，通过完成企业真实工作项目来提高学生的学习效果。与此同时教师可以一起和学生深入企业，既培养了学生，也锻炼了教师，教师也可以根据企业需要为企业开展内部培训，校企共赢。这种培养机制需要制定灵活的人才培养模式，并寻求具备一定规模的电子商务企业方可实行。

5. 以大赛促进专业建设

参与各类电子商务大赛提高学生分析和解决实际问题的能力，增进校际沟通与了解，各种大赛内部不尽相同，增进校际教师的沟通，利于相互学习和借鉴，提高电子商务专业人才质量。通过比赛结果，也容易发现各校电子商务专业建设中的优势和长处，在学习中提高人才培养质量。

# 第八章 农产品电子商务品牌建设

## 第一节 品牌含义及其作用

### 一、品牌的含义

目前，国内外品牌理论对品牌的内涵有多种定义。比较有影响的品牌定义大体上可以归为符号说、关系说、拟剧说、资产说、综合说等。

#### （一）符号说

符号说着眼于品牌的识别功能，它从最直观、最外在的表观出发，将品牌看作是一种标榜个性、具有区别功能的特殊符号。例如，品牌是用以识别一个或一群产品或劳务的名称、术语、象征、记号或设计及其组合，用以和其他竞争者的产品或劳务相区别。

#### （二）关系说

关系说从品牌与消费者沟通功能的角度阐述，强调品牌的最后实现由消费者决定，是与消费者的情感密不可分的。例如，品牌是消费者与产品的关系，消费者才是品牌的最后拥有者，品牌是消费者经验的总和。

### （三）拟剧说

品牌是企业或者产品在社会传播情境中力争理想的角色（超自我）表演，以预先建立的行为模式在与消费者接触的时候交互影响，从而达成某种程度的认知印象。

### （四）资产说

资产说站在经济学、管理学的立场上，从品牌具有的价值特点出发，侧重品牌在市场运营中的作用，认为品牌是一种无形资产。品牌会渗透人心，因而形成不可泯灭的无形资产，现在越来越多的企业开始重视品牌建设，更多的人赞同品牌，即企业的无形资产学说。

### （五）综合说

综合说从品牌的信息整合功能上入手，将生产、营销与时空变化结合起来分析品牌。例如，品牌是一种错综复杂的象征，它是商品的属性、名称、包装、价格、历史、声誉、广告风格的无形组合。国外有关学者认为，一个品牌能表达出六层意思：①属性，表达出该产品区别于其他产品的特定属性；②利益，给购买者带来的物质和精神上的利益；③价值观，体现了该产品制造商的某些价值感；④文化，品牌可能附加和象征了一定的文化；⑤个性，和人一样，品牌传达出与众不同的个性；⑥使用者，品牌还体现了购买或使用该产品的消费者的特征。

综合说比较符合中国语义的“品牌”含义，比较全面准确地反映了品牌的实质，本书将借鉴这一定义作为进一步研究的基础。品牌是能够给拥有者带来溢价、产生增值的一种无形资产，它的载体是用以和其他竞争者的产品或者劳务相区分的名称、属性、象征、记号或设计及其组合，增值的源泉来自在消费者心里形成的关于其载体的印象。

## 二、品牌的特征

品牌是多学科领域的概念属于经济、管理学的范畴，在经济、管理学科中，品牌的独特性表现在以下几个方面：

### （一）品牌的表象性

品牌是企业的无形资产，它最原始的目的就是让人们通过一个比较容易记忆的形式记住某一产品或企业，因此，品牌必须有物质载体，需要通过一系列物质载体表现自主。直接载体主要是文字、图案和符号，间接载体主要有产品质量、产品服务、知名度、美誉度、市场占有率。没有物质载体，品牌就无法表现出来，更不可能达到品牌的整体传播效果。

### （二）品牌的专有性

品牌是用以识别生产者或销售者所提供的产品或服务。品牌拥有经过法律程序的认定，享有品牌的专有权，有权要求其他企业或个人不能仿冒、伪造。这一点也是品牌的排他性。

### （三）品牌的信用性

品牌的本质是体现品牌产品生产者的信用，使消费者通过品牌联想到品牌产品的质量、功能、文化等特征。

### （四）品牌信息的丰富性

品牌既包括名称、标志等显性要素，也向消费者传达了包括产品质量、营销服务、市场声誉等内在的信息，代表了品牌建设者的承诺和消费者的信任。

### （五）品牌的价值性

品牌具有知名度与忠诚度可以降低企业的费用，在如今竞争激烈的市场中，拥有品牌的企业可以在销售产品时以更高的价格出售自己的商品，在和其他同类竞争的过程中，品牌能够带来竞争优势，因此，品牌是有价值的。

### （六）品牌的系统性

品牌与品牌产品本身、品牌拥有者、供应商、消费者、中间商、竞争者、大众媒体、政府、社会公众等利益相关群体共同构成了一个相互作用、相互影响的生态系统。

### （七）品牌的扩张性

品牌具有识别功能，代表一种产品、一个企业。企业可以利用这一优点展示品牌对市场的开拓能力，还可以帮助企业利用品牌资本进行扩张。

## 三、品牌的功能

在产品日益同质化的时代，产品的物理属性相差无几，唯有品牌给人以心理暗示，满足消费者的情感和精神寄托，因为品牌是以某种独特的个性与竞争者区别开来的。下面将详细介绍品牌的功能：

### （一）识别功能

品牌的基本功能是识别品牌的产品或服务，并将它与竞争对手区分开来，品牌的识别功能来自品牌形式的独特性。

### （二）保护功能

品牌域品牌的一部分一旦进行商标注册，就对品牌的这种资产具有法律保护功能，即可以利用法律武器，防止和打击品牌假冒或抄袭行为。

### （三）信息功能

品牌可以传达有关企业特色、企业给市场带来的利益、企业价值观、服务对象等信息，品牌信息比较抽象，比较简括，比较有联想空间。比较好记品牌信息的优点在信息时代尤其突出，消费者面对爆炸式传播的信息，其接收和处理信息的能力是有限的，因此，品牌作为浓缩的、简括的、好记的市场信息越来越受消费者欢迎。

### （四）承诺功能

品牌实际上是以公司的信誉对消费者进行承诺，对产品或服务的担保。品牌的承诺功能就是一种保险功能，品牌，尤其是著名的品牌，有助于降低消费者的各种购买风险，从而促进产品或服务的购买。

### （五）情感功能

品牌形象的个性化或人格化使品牌具有情感功能品牌的情感功能常常通过广告、公共关系和形象代言人等促销方式得以发挥，因为广告、公共关系和形象代言人都是最能诉诸情感的促销方式。

### （六）定位功能

品牌是一种市场定位，即一家公司或其产品在目标市场（顾客）心目中的位置，也就是目标市场对公司或其产品的心理评价。

### （七）激励功能

员工参与公司品牌的建设过程就是他们接受品牌所代表的公司价值和公司文化的过程，企业可以利用员工的品牌意识对员工进行价值激励和文化管理。

### （八）增值功能

品牌能满足消费者特殊的心理需要，并给他们带来额外的利益，因此，能在市场上产生溢价或增值。

# 第二节　农产品品牌

## 一、农产品品牌的界定

农产品品牌是指由农民等生产经营者通过栽培作物和饲养牲畜等生产经营活动而获得的特定产品，经由一系列相关符号体系的设计和传播，形成特定的消费者群、消费联想、消费意义、个性、通路特征、价格体系、传播体系等因素综合而成的特定的整合体。农业品牌是指农业生产者或经营者在其农产品或农业服务项目上使用的用于区别其他同类和类似农产品或农业服务的名称及标记。

农产品品牌不等同于农业品牌。农业品牌是指农业领域内，主体之间区别于本地域、本企业、本企业产品等资源与产品的所有标志、名称等标志性符号。农业品牌的外延要大于农产品品牌，农业品牌主要包括农业生产资料品牌、农业生产产品品牌、农业生产服务品牌、农业生产资料品牌和农业服务品牌。本书将农产品品牌界定为：附着在产品上的某些独特的能够与其竞争者相区别的标记符号系统，代表了农产品拥有者与其消费者之间的关系性契约，向消费者传达了农产品信息的集合和承诺；农产品的质量标志、品种标志、集体品牌和狭义的农产品品牌共同构成了农产品品牌的系统，使农产品品牌呈现出复杂性和多样性。

## 二、农产品品牌的特征

### （一）农产品品牌表现形式的多样性

农产品品牌表现形式的复杂性是由农产品的特点决定的。农产品市场的逆选择现象严重，为了消除逆选择现象，必须由具备公信力的机构对农产品质量给予评价，然后将评价结果及质量等级和地理标志贴在农产品上，以方便消费者选择质量标志和地理标志，都是显示农产品具有某些特定的自然和人文特色功能的农产品标志；种质标志是农产品种子品种的标志，种子决定产品，离开了种质标志，人们无法辨别该产品的属性及根源；集体品牌体现农产品的区域特征，帮助消费者认识农产品的出处；狭义农产品品牌是农产品质量、功能等特征的集中体现形式。以上这些表现农产品质量、特色的符号和标志都是农产品品牌的表现形式。

### （二）农产品品牌效应的外部性

农产品品牌效应的外部性表现在以下方面：第一，地域品牌产生的外部性地理标志，产品的质量或特征主要或全部源于地域环境，包括自然因素和人文因素。原产地标识制度是一种免费制度，是由国家提供担保的，因此，地理标志是公共物品，具有外部性。第二，无公害产品、绿色食品、有机食品等品牌科技产生的外部性。

## 三、农产品品牌的分类

农产品品牌按照不同的分类标准，有不同的分类结果。例如，按照品牌价值和农产品消费层次，农产品品牌可分为低档农产品品牌、中档农产品品牌、高档农产品品牌；按照行业的差别，农产品品牌可分为种植业农产品品牌、养殖业农产品品牌、水产业农产品品牌；按照技术含量分类，农产品品牌有传统农产品品牌、科技农产品品牌、高科技农产品品牌；按照知名度层次分类，农产品品牌有初创农产品品牌、知名农产品品牌、著名农产品品牌。分类的标准有多种，分类结果也有多种，下面的分类标准和结果在后面的研究中都会涉及，在此给予较为详细的分类：

### （一）按照品牌范围分类

按品牌范围农产品品牌有区域农产品品牌、区域农产品名牌、全国农产品名牌、国际农产品名牌。区域农产品品牌是指在某一地区使用，还没有形成知名度的品牌，一般都是新注册的品牌。区域农产品名牌是指在某一个地区具备一定知名度的品牌，根据区域大小，区域农产品名牌又可分为县市级农产品名牌、地市级农产品名牌、省级农产品名牌等。全国农产品名牌是指在全国范围内有知名度的品牌。国际农产品名牌是指被世界公认的，被广泛得到认知的品牌。

### （二）按照市场地位差异分类

按市场地位差异分类的农产品品牌有领导型农产品品牌、挑战型农产品品牌、跟随型农产品品牌、补缺型农产品品牌。领导型农产品品牌是指某行业中市场份额最大的品牌。挑战型农产品品牌是指在本产品所在的行业中处于领导地位，但有能力又有实力向品牌领导者发起挑战的农产品品牌。跟随农产品品牌是指行业中处于跟随地位的、无法对领导型品牌构成竞争威胁的品牌。补缺型农产品品牌是指某一行业只占领某一不被市场主导品牌注意的细分市场的品牌。

### （三）按照品牌生命周期分类

按品牌生命周期分类的农产品品牌有初创阶段农产品品牌、成长阶段农产品品牌、成熟阶段农产品品牌和衰退阶段农产品品牌。初创阶段农产品品牌是指处于农产品品牌建设初期，在市场上使用时间较短的农产品品牌。成长阶段农产品品牌是指已经被市场广泛认可，迅速成长的农产品品牌。成熟阶段农产品品牌是指品牌成长到一定时期有足够大的市场占有率和知名度，再成长比较困难的农产品品牌。衰退阶段农产品品牌是指没有创新产品，且被消费者抛弃的农产品品牌。

### （四）按照品牌内涵的差别分类

按品牌内涵的差异分类，可分为狭义农产品品牌和广义农产品品牌。狭义农产品品牌指农业企业为自己的产品注册的产品品牌，有时简称农产品品牌。广义农产品品牌是指所有能够体现农产品质量功能等属性的标志，包括农产品质量标志、种质标志、集体品牌和狭义产品品牌等。广义农产品品牌的四种形式对消费者选择农产品和企业、提高农产品竞争力具有重要意义。

# 第三节　农产品电子商务品牌化建设实施途径

## 一、树立并强化农户的品牌意识

必须进一步加快农产品检测监督体系建设，为提高农产品的生产加工质量提供可靠保证。要充分发挥农业龙头企业在标准化基地建设和品牌培育中的主体作用，引导、支持农业龙头企业积极申报无公害产品、绿色食品、有机食品和进行品牌开发。积极推行“公司+农户+基地”模式，使龙头企业以订单合同的方式与农民建立稳定的生产销售关系，相互依存、相互促进，逐步形成产业化、规模化、基地化、标准化生产政府部门要转变职能，强化服务。产品加工企业要将品牌意识放在生产经营首位，突破原有的分散生产经营方式，顺应消费需求，创建特色品牌，实现农产品品牌的多样性。

## 二、增强产业化龙头企业力量

全面发展农业合作社等中介组织和农业产业化龙头企业规模，强化农业中介组织与农户之间的联系，达到提高农民组织化程度的目的，构建农户和中介组织协同运作的良好氛围。同时增强产业化龙头企业力量，在发展产业经营中，真正成为农产品品牌营销的主体，对农产品品牌实现有效地投资、管理及维护。

## 三、大力拓宽农特产品电商销售渠道

有了好产品、好品牌，最关键的是要把农特产品销售出去，让农特产品走出山区、走向市场，提升农特产品的盈利水平。要用互联网思维和现代商业模式拓宽销售渠道，特别是顺应“互联网+”的趋势，注重线上与线下相结合，加快整合资源，构建具有区域特色的农产品电商销售体系，推动农产品线上销售多元化。鼓励有条件的农业产业化龙头企业建立网络营销平台，帮助特色名优农产品企业开设网店，入驻网络销售平台；发展线上订单农业，积极推动有实力的农产品生产企业或专业合作社与超市、大型卖场通过联网方式进行对接，采用“公司+专业合作社+基地+农户+实体店”的模式，生产营销创新电商O2O平台运营模式，大力推广O2O平台的应用，鼓励支持发展基于互联网的新型农业产业模式，大力发展“共享农场”，整合农业资源，将消费者与农场主连接起来，采取线上认养、线下代养的模式，促使消费者与农场主达成合作，分享农场种植成果。

## 四、提升农产品品质

对优质农产品生产基地、农民专业合作社、家庭农场、农产品生产企业开展例行监测和监督抽查，促进属地管理、部门监管与生产主体质量安全责任的落实，提升农户绿色、安全、生态意识，稳定提升农产品质量安全水平，推进农产品生产标准化体系建设，充分发挥各类涉农经济组织的作用，鼓励引导农业企业、合作社成员、家庭农场等经营主体，对适合农产品电商销售的农特产品进行挖掘整理、注册认证并建立农产品电商产品优选库，并统一种养标准、统一加工标准、统一产品标识、统一产品定价、统一品牌包装、统一营销策划，推动农产品标准化、规模化、品牌化经营。提升农产品生产销售者的溯源意识，全面推行“索票方式”的溯源模式，逐步建立“标签方式”和“追溯卡方式”溯源模式加大溯源信息平台建设，促使系统资源覆盖到各种农产品生产的各个环节，促进市场发育，确保农产品质量安全，增强农产品电商销售的竞争力和公信力。

## 五、建立奖励机制

通过明确的奖励措施，积极鼓励各涉农企业发展品牌农业，以建立品牌为导向，以增加农产品附加值为目标，促使农业品牌建设与农业经济发展的紧密联合，同时促进一二三产业融合发展，全面提升特色产业综合生产能力、产品质量和市场竞争力，快速发展现代农业，优化产业发展环境，转变效益增长方式，提高产业科技含量，拓展产业价值空间，提升产业发展水平，真正达到农业产值的稳步提高，带动农业稳步发展。

## 六、新媒体背景下农产品电商品牌化运营策略

### （一）树立品牌意识，积极维护品牌形象

粮食安全、食品安全、保障农户经济利益是我国未来农业发展中的重要原则。基于我国农业宏观发展趋势，要通过新媒体的助力，实现农产品电商品牌化运营质量进一步提升。积极转变农产品电商营销理念，重视品牌效应的价值，树立良好的品牌意识，使农产品电商营销模式契合时代发展需求，以保障农产品市场竞争力的有效提升，使农业经济从“数量型”转化为“质量型”，在适应农业经济效益发展要求的过程中，帮助农产品商户形成完整的品牌意识。

在树立品牌意识的同时，还要重视对品牌形象的维护工作。农产品电商品牌对整个区域的农业经济效益具有决定性的作用，因此必须要加强品牌维护工作。在政府层面，政府需要成立专业指导小组，为农户在品牌打造与品牌形象维护等方面提供指导，使农产品电商品牌的维护工作体现出应有的专业性和规范性。在农户层面，要让农户意识到品牌形象的重要性，使其能够在农产品种植、销售等环节重视对品牌形象的维护工作，突出品牌的核心功能，促进农产品品牌的长远发展。

### （二）强化农产品品质保障，加强质量管理

1. 产地管理

为了能够有效强化农产品品质保障工作，产地管理尤为关键。在农产品质量管理工作中，要优化农产品产地管理工作，使农产品在电商平台销售的过程中，消费者可以充分了解农产品产地的具体信息。同时通过为农户提供技术、金融、信息方面的援助，使农产品的地域特征得到有效体现，从而保障农产品产地管理质量的有效提升。

2. 品牌标准管理

我国地域辽阔，不同地区之间具有不同的农业生产条件、农产品种植优劣势。农户在农产品电商销售的过程中，可以选择以直播销售的形式为消费者讲解农产品的独特优点，使消费者对农产品有更为全面的了解与认识，有利于相应农产品知名度的进一步提升，同时对塑造农产品品牌、促进消费者品牌认同感提升具有十分重要的作用。就现阶段而言，消费者在电商平台购物的过程中，尤其对农产品的消费，通常更加倾向于具有知名品牌的农产品。